CATALOGUE

DES OBJETS

ENVOYÉS PAR LA GUYANE BRITANNIQUE

A l'Exposition Universelle de Paris

En 1855.

Paris, imp. carré et compagnie, imp. gr.-têle.—Dubois et Vert, 77, pass. du Caire.

CATALOGUE

DES

OBJETS EXPÉDIÉS DE LA GUYANE BRITANNIQUE

A l'Exposition Universelle de Paris

En 1855.

IMPRIMÉ PAR LE COMITÉ EXÉCUTIF DE LA GUYANE.

A Georgetown-Démérary.

1855

Paris, imp. carré et **compagnie**; imp. gr.-tête.—**Dubois** et **Vert**, 77, pass. du Caire.

INTRODUCTION.

La première idée de la formation de la collection décrite dans ce Catalogue, fut suggérée par le gouvernement de Sa Majesté Britannique, dans une dépêche circulaire transmise à la Société Royale d'Agriculture et de Commerce, avec une lettre du Secrétaire-Adjoint du gouvernement ; cette lettre était ainsi conçue :

Copie N° 403. — Secrétariat du gouvernement, 13 juin 1853.

Monsieur,

J'ai l'honneur de porter à votre connaissance, selon le désir de Son Excellence le Lieutenant-Gouverneur, que le très honorable Secrétaire d'Etat a adressé une dépêche circulaire à Son Excellence le Gouverneur Barkly, à la demande de l'Ambassadeur français près la cour de Saint-James. Cette dépêche informe Son Excellence le Gouverneur qu'une Exposition Universelle des produits de l'Agriculture et de l'Industrie doit avoir lieu à Paris, au mois de mai 1855, et que la douane française accordera toute espèce de facilités pour l'admission des produits appartenant aux exposants des Colonies Britanniques, jaloux de faire figurer divers articles à cette Exposition.

Son Excellence le Lieutenant-Gouverneur me charge de placer cette communication sous les yeux de la Société Royale d'Agriculture et de Commerce, dans le but d'engager cette Société à prendre les mesures qu'elle jugera les meilleures à cet égard. J'ai l'honneur, etc.

Signé : H. W. Austin, Secrétaire-Adjoint du gouvernement.

A Mr W. H. Campbell, Esquire, L. L. D., Secrétaire de la Société Royale d'Agriculture et de Commerce de la Guyane Britannique.

Circulaire. Guyane Britannique. Downing street, 2 mai 1853.

Monsieur,

A la demande de l'Ambassadeur français près de cette cour, je suis chargé de vous faire savoir qu'une Exposition Universelle des produits de l'Agriculture et de l'Industrie doit avoir lieu à Paris au mois de mai 1855, et que la douane française accordera toute espèce de facilités pour l'admission des marchandises appartenant à des habitants des Colonies Britanniques, jaloux d'envoyer des articles à cette Exposition.

Aussitôt que le gouvernement français aura complété ses dispositions, j'aurai l'honneur de vous communiquer des détails ultérieurs plus étendus à ce sujet.

J'ai l'honneur d'être, Monsieur,
Votre très obéissant serviteur,
Newcastle.

Au gouverneur Barkly, etc., etc.

La Société a reçu en effet plus tard, du Lieutenant-Gouverneur, une communication ultérieure conçue dans les termes suivants :

Secrétariat du Gouvernement, 14 octobre 1853.

Monsieur,

Comme complément de ma lettre accompagnant l'envoi des volumes commémoratifs de la grande Exposition de Londres, le Lieutenant-Gouverneur me charge de vous faire savoir qu'il désire appeler de nouveau l'attention de la Société Royale d'Agriculture et de Commerce, sur la dépêche circulaire du Secrétaire d'Etat, en date du 9 mai dernier, dépêche qui vous est parvenue avec une lettre de M. Austin, Secrétaire-Adjoint du gouvernement, en date du 13 juin.

En présence du succès signalé et flatteur qui a couronné les efforts du Comité nommé pour préparer et expédier les collections des produits naturels et des produits agricoles de cette colonie aux Expositions de Londres en 1851, de Dublin et de New-York en 1853, le Lieutenant-Gouverneur comprend qu'il y a lieu de se promettre des avantages encore plus importants des mêmes efforts continués en vue de l'Exposition projetée à Paris.

Les indications fournies sont amplement suffisantes ; il n'est pas permis d'en douter, les facilités offertes aux exposants le seront de la manière la plus libérale, et, d'autre part, le local disposé pour l'Exposition réunit tout ce qui peut en assurer le succès. Le caractère de la nation française, sa libéralité, son ardeur énergique dans l'accomplissement de toute œuvre nationale, son goût épuré dans tous les arts d'ornement, l'esprit généreux qui la porte à dépenser largement pour les choses de goût, tout se réunit pour garantir l'appréciation la plus impartiale de leurs produits, à tous ceux qui voudront être représentés dans ce nouveau *Temple de la Paix*. Le Lieutenant-Gouverneur espère avec confiance que ceux qui précédemment, dans des circonstances analogues, ont rendu tant de services à la Colonie par leur concours gratuit et persévérant, pour assurer à nos produits un rang honorable en présence d'une si vaste concurrence, n'hésiteront pas à se dévouer de nouveau pour un nouvel effort dans un but analogue.

Les directeurs de la Société peuvent compter, de la part du Lieutenant-Gouverneur, dans les limites des attributions du pouvoir exécutif, sur les dispositions les mieux arrêtées pour leur prêter un concours efficace, soit par la coopération des fonctionnaires du Gouvernement, soit par le paiement d'une partie des frais à supporter, autant que le lui permettront les fonds dont il dispose.

J'ai l'honneur d'être, Monsieur,

Votre très humble et obéissant serviteur,

W. B. Wolseley, Secrétaire du gouvernement.

A Mr W. H. Campbell, Esquire, Secrétaire de la Société Royale d'Agriculture et de Commerce.

Cette lettre fut communiquée à la Société le 28 octobre 1853. Dans cette séance, la résolution suivante fut adoptée :

V

« Cette réunion adhère entièrement aux vues exposées dans la communication de S. E. le Lieutenant-Gouverneur; elle renvoie cette communication au bureau des directeurs, afin qu'ils aient à prendre les mesures nécessaires pour atteindre le but proposé. »

Aux termes de cette résolution, le bureau des directeurs convoqua une assemblée publique le 20 mars 1854, on y nomma un Comité général, et la résolution suivante y fut adoptée :

Résolu : Que la cour combinée (*combined court* [*]) ayant voté la somme de 500 l. sterl. (12,500 francs), pour l'objet développé dans un mémoire des directeurs de la Société Royale d'Agriculture et de Commerce, mémoire adressé à cette cour, l'assemblée pense que des mesures doivent être prises en même temps pour atteindre les résultats désignés ci-après :

1° Une exposition des produits de toute espèce de cette Colonie, sera ouverte à Georgetown à la fin de l'année ; cette exposition comprendra en doubles échantillons tous les objets destinés à être envoyés à l'Exposition de Paris en 1855.

2° Il sera formé, pour être transmise à Paris, une collection d'autant d'articles intéressants qu'il sera possible de s'en procurer dans la Colonie.

3° Des prix seront réservés pour les meilleurs spécimens des produits exposés dans chaque classe.

Dans une réunion tenue le 11 avril suivant, un Comité exécutif fut nommé pour disposer le local de l'exposition à Georgetown. Cette exposition a eu lieu le mardi 2 janvier dernier ; des prix, dont la valeur totale s'élevait à 1042 piastres (5,400 francs), y furent distribués aux vainqueurs dans les différents concours. Ce fut aussi à cette solennité que furent rassemblés, classés et expédiés à Paris les divers objets énumérés dans le catalogue suivant

Le Comité exécutif saisit cette occasion pour témoigner sa reconnaissance aux directeurs de la Compagnie de la navigation à vapeur des Indes Occidentales, pour la générosité avec laquelle cette Compagnie s'est chargée de transporter gratuitement en Europe les colis contenant cette collection de nos produits.

Georgetown-Démérary, 21 avril 1855.

---

[*] C'est ce qu'on nomme dans les établissements français le *Conseil colonial*.

Gouverneur de la Guyane Britannique:
Son Excellence PHILIPPE-EDMOND WODEHOUSE, Esquire.

Comité exécutif de la Guyane :
WILLIAM WALKER, dernier Lieutenant-Gouverneur, Président.
DANIEL BLAIR.
W. H. CAMPBELL.
J. TROUNSELL GILBERT.
WILLIAM HENRY HOLMES.
WILLIAM KNIGHT.
R. J. KNOWLES.
GEORGE JOHN LUCKIE.
DAVID SHIER.
J. LUCIE SMITH.
A. D. VANDER GON NETSCHER.
E. A. WALLBRIDGE.
F. A. R. WINTER, Trésorier.
GEORGE DENNIS,
O. ANGLIM GILBERT, } Secrétaires.

Sous-Comité nommé pour préparer le Catalogue :
WILLIAM WALKER, Président.
DANIEL BLAIR.
W. H. CAMPBELL.
GEORGE DENNIS.
DAVID SHIER.

Comité spécial à Paris :
WILLIAM HENRY HOLMES.
A. D. VANDER GON NETSCHER.

PRÉFACE.

En préparant le Catalogue des objets réunis dans cette colonie pour constituer sa part à la grande Exposition universelle de Paris en 1855, il a semblé à propos de se conformer à l'usage observé précédemment dans des circonstances analogues, en plaçant ici, sous forme de *préface*, quelques remarques destinées à jeter un peu de lumière sur cette partie de l'Amérique du Sud que représentent ces produits, contrée, nous ne craignons pas de l'affirmer, à peu près inconnue à ceux sous les yeux desquels doit passer cette collection.

Si l'on tient compte de cette circonstance que, pour la première fois, un tel catalogue aura l'avantage d'être traduit dans une langue étrangère, et que probablement aussi, c'est la dernière fois qu'une collection de ce genre pourra être formée, on reconnaîtra qu'il convient de s'écarter jusqu'à un certain point des formes antérieurement adoptées, et de faire entrer dans les observations suivantes autre chose que quelques faits glanés dans le Catalogue.

On désigne sous le nom de GUYANE, la partie du continent de l'Amérique du Sud entre 8° 40' de latitude Nord et 3° 30' de latitude Sud, et entre le 50me et le 68me degré de longitude Ouest du méridien Greenwich ; la ligne de côtes de ce pays s'étend de l'embouchure de l'Orénoque à celle de l'Amazone. La Guyane est partagée en cinq divisions :

1. GUYANE ESPAGNOLE, actuellement Guyane vénézuelienne. Elle s'étend sur les deux rives de l'Orénoque, dans le sud-sud-ouest, jusqu'au Rio-Negro, et aux établissements portugais.
2. GUYANE BRITANNIQUE : de la frontière espagnole ou vénézuelienne, à la rivière Corentin.
3. GUYANE HOLLANDAISE, ou Surinam, de la rivière Corentin à la rivière Marawini, par 54° de longitude ouest.
4. GUYANE FRANÇAISE, plus connue sous le nom de Cayenne, d'une île sur laquelle est bâtie son chef-lieu. La Guyane française s'étend de la rivière Marawini aux environs du Cap-Nord.
5. GUYANE PORTUGAISE ou Brésilienne, limitée au sud par l'Amazone et le Rio-Negro, coupant par conséquent les lignes intérieures des Guyanes Française, Hollandaise, Britannique, et d'une partie de la Guyane Espagnole ou Vénézuelienne.

Les trois colonies de Berbice, Démérary et Essequebo, appartenant précédemment à la Hollande, furent conquises en 1803 et finalement cédées à la Grande Bretagne en 1814 ; elles constituent la colonie actuelle de la Guyane Britannique, désignée sous ce nom pour la première fois en 1831. Ce pays est divisé en trois comtés, savoir : *Berbice*, du Corentin à la crique d'Abari, sur une longueur d'environ 93 milles (154 kilom.) ; *Démérary*, de la crique Abari à la crique Boerasiri, sur une longueur de 65 milles (108 kilom.) ; et *Essequebo*, de Boerasiri jusqu'aux postes militaires autrefois occupés par les Hollandais sur la rivière

Barima, sur une longueur d'environ 120 milles (200 kilom.). Cette étendue présente donc à la mer environ 280 milles de côtes (465 kilom.), sur une profondeur intérieure qui varie de 300 à 450 milles (500 à 738 kilomètres), du Nord au Sud. Il est assez difficile de déterminer avec exactitude la surface du territoire de la Guyane Britannique dont les limites sont contestées, non-seulement du côté du territoire de Vénézuela, mais encore du côté du Brésil. En adoptant celles que portent les cartes géographiques, la superficie de la Guyane Britannique serait, d'après Schomburgk, de 76,000 milles carrés (210,000 kilom. carrés).

D'après ses caractères géologiques, on reconnaît que l'intérieur de la Guyane Britannique, à une époque antérieure, a été occupée par le lit d'une série de lacs dont les eaux rompant leurs digues naturelles, se sont frayé un chemin jusqu'à la Mer Atlantique. Des chaînes de montagnes, de vastes savanes et d'épaisses forêts, rendent très varié l'aspect de l'intérieur du pays. Le point culminant, parmi les montagnes dont la hauteur a été régulièrement mesurée, est le remarquable pic de *Roraima*, haut de 7,500 pieds anglais (2,250 mètres) au-dessus du niveau de la mer, par 5° 9' 30" de latitude nord, et 60° 47' de longitude ouest. La partie supérieure du Roraima, haute d'environ 1500 pieds (450 mètres), offre l'aspect saisissant d'un mur dominant à pic un précipice. Les lignes de montagnes s'approchent de la mer en s'abaissant graduellement, jusqu'à environ 40 milles de la côte (66 kilomètres), où l'on rencontre la dernière ligne d'élévations, consistant en une chaîne de collines de sable, et parallèlement à cette ligne, une suite de groupes de petits monticules isolés. Les collines ont de 30 à 120 pieds, et les monticules excèdent rarement la hauteur de 200 pieds (60 mètres).

Les montagnes de la Guyane Britannique sont formées de granit, de gneiss et de grès, avec les diverses variétés de ces roches; partout où elles sont traversées par les rivières de la colonie, il en résulte de grandes cascades d'un aspect extrêmement pittoresque, mais qui opposent un obstacle insurmontable à la navigation intérieure. A la distance d'environ 30 milles (50 kilomètres) de la mer, en remontant la rivière Essequebo, un grand banc de granit contenant du minerai de plomb, s'étend dans la direction du sud-ouest. Une des particularités du pays, hérissé de rochers, qui commence sur ce point et s'étend jusqu'aux chaînes de montagnes, c'est l'existence de blocs de granit accumulés, çà et là, avec plus ou moins de profusion. Le sol des districts cultivés de la colonie consiste en une couche puissante, parfaitement de niveau, d'un limon ou dépôt d'alluvion formé principalement d'argile bleue, riche en matières végétales décomposées, imprégné de sel marin. Des bancs de tourbe des tropiques (*pegass*) d'une grande épaisseur, se rencontrent sur la limite des terres cultivées et des terrains boisés ou seulement couverts de broussailles, et quelquefois aussi dans les *savanes* ou prairies naturelles. Cette même formation a existé dans la plupart des terres actuellement cultivées; mais l'action de la culture prolongée a fini par la faire entièrement disparaître. Cette plaine de terres d'alluvion, dont le sol cultivé est en grande partie à trois ou quatre pieds (0^m 90 à 1^m 20) au-dessous du niveau des hautes marées de printemps, s'étend de 10 à 20 milles et quelquefois à 40 milles (66 kilom.) des bords de la mer, spécialement entre les rivières Berbice et Corentin;

elle a pour limites les collines de sable mentionnées ci-dessus. Le forage de l'un des puits artésiens creusés en grand nombre dans la colonie, a permis de prendre une connaissance exacte des terrains d'alluvion de la Guyane. Ce forage fut fait sur la plantation de *Woodlands*, à un mille de l'embouchure de la crique de Mahaica. Les données suivantes ont été notées pendant l'opération : 1 à 5 pieds (0^m 30 à 1^m 50), sol arable superficiel ; 6 pieds (1^m 80), sable fin *(caddy)* ; 7 à 9 pieds (2^m 10 à 2^m 70), argile bleue ; 9 à 30 pieds (2^m 70 à 11^m 70), limon friable mêlé de sable fin, dans lequel la sonde entre par son propre poids ; de 39 à 53 pieds (11^m 70 à 15^m 90), bois pourri ou tourbe, matière végétale décomposée ; de 53 à 55 (15^m 90 à 16^m 50), argile d'un gris bleuâtre, compacte ; de 55 à 57 pieds (16^m 50 à 17^m 10), argile grise un peu rougeâtre ; de 57 à 70 pieds (17^m 10 à 21^m), argile rouge ; de 70 pieds à 82 pieds 10 pouces (21^m à 24^m 80), argile très compacte, d'un gris jaunâtre mêlée d'un peu de sable et d'ocre ; de 82 pieds 10 pouces à 86 pieds 18 pouces (24^m 80 à 26^m), argile d'un gris bleuâtre veinée ; de 86 pieds 8 pouces à 92 pieds (26^m à 27^m 60), argile d'un gris bleuâtre veinée de jaune. Le banc de sable qui fournit l'eau jaillissante a été rencontré à la profondeur de 118 pieds (35^m 40) ; la même couche continue jusqu'à 125 pieds (37^m 50). Cette eau, fortement chargée de fer, comme le sont toutes celles de la colonie, jaillit à 18 pouces (0^m 45) au-dessus de la surface du sol ; elle est beaucoup plus abondante à l'époque des grandes marées de printemps.

Ce seul fait que le sol cultivé de la colonie est une couche de terre d'alluvion d'une énorme épaisseur, suffit pour expliquer sa prodigieuse fertilité. Favorisée par la chaleur des tropiques et l'abondance de l'humidité, cette fertilité surpasse tout ce que les cultivateurs européens peuvent se figurer. Depuis plus d'un demi-siècle, les mêmes champs donnent des récoltes toujours les mêmes, sans interruption, sans engrais, et leur culture n'a pas cessé d'être profitable. Mais cette fécondité merveilleuse ne se rencontre pas exclusivement dans les districts voisins des côtes. Schomburgk a fait parvenir à Georgetown des spécimens de cassave, d'ignames et de maïs cultivés au pied du *Pacaraima;* on a constaté que ces produits l'emportaient sur ceux de même espèce récoltés près de la mer, tant pour le volume que pour la qualité. Les régimes de Bananes, vus par Schomburgk, dans les monts Canuka, à 3,000 pieds (900 mèt.) au-dessus du niveau de la mer, étaient très volumineux ; les cannes à sucre qu'il a vues dans les districts de montagnes, à 2,500 pieds (750 mèt.) d'élévation, bien qu'elles n'eussent reçu ni sarclages ni aucun autre soin de culture, mesuraient 7 pouces (0^m 17) de circonférence.

On ne connaît pas, à l'intérieur de la Guyane Britannique, de volcans en activité ; les tremblements de terre y sont rares, comparativement aux pays voisins ; ils sont uniformément dépourvus de violence.

Les principales rivières de la colonie sont : l'Essequebo, le Démérary, le Berbice et le Corentin ; ce dernier cours d'eau sert de limite entre la Guyane Britannique et la Guyane Hollandaise. L'Essequebo prend sa source dans les monts Acarai, à 44 milles (68 kilom.), au nord de l'équateur ; son cours, en tenant compte des sinuosités, n'est pas moins de 620 milles (1033 kilom., soit 206 grandes lieues de 5 kilom., soit 103 myriamètres) ; il dépasse en longueur les plus grands fleuves de la

France; il rivalise avec la Vistule, en Pologne. Après avoir reçu des affluents, qui sont eux-mêmes des rivières considérables, l'Essequebo continue à couler vers le nord, en augmentant graduellement de largeur jusqu'à ce que, près de son embouchure, il forme une sorte de baie de près de 20 milles de large (33 kilom.), avec plusieurs îles fertiles, dont quelques-unes ont 12 à 15 milles de long (20 à 25 kilom.); ces îles sont cultivées en cannes à sucre. Toutefois, en raison des cataractes dont nous avons parlé plus haut, l'Essequebo n'est pas navigable pour de gros vaisseaux, à plus de 50 milles (93 kilom.) de son embouchure. Le Démérary, dont le cours supérieur n'est connu que des naturels, reçoit de grands navires qui vont charger des bois de charpente, à 75 milles (125 kilom.) de son embouchure. Après un cours sinueux, il s'élargit par degrés, de sorte qu'à son entrée dans l'Océan, sa largeur est d'un mille 3/4 (environ 3 kilom.). Le Berbice, dans la partie supérieure de son cours, se rapproche de l'Essequebo, à la distance de 9 milles (15 kilom.), par 3° 53' de latitude nord. Il se rétrécit plus loin, au point de n'avoir pas plus de 30 pieds (9 mètres) de large, tandis qu'ailleurs, il forme comme une suite de lacs. Les cataractes commencent vers 4° 19' de latitude nord. Les navires qui tirent 12 pieds d'eau (3^m 60), peuvent remonter jusqu'à 105 milles de la mer (175 kilom.); ceux qui ne tirent que 7 pieds d'eau (2^m 10), remontent jusqu'à 175 milles (290 kilom.), distance à laquelle l'influence de la marée est encore sensible. La largeur du Berbice, à son embouchure, est de 2 milles 1/4 (près de 4 kil.). Le Corentin prend sa source à 25 milles (46 kilom.), à l'est de celle de l'Essequebo, probablement par 1 degré de latitude nord. Son lit est encombré des mêmes blocs de rochers, qui interceptent la navigation de l'Essequebo et du Berbice; il forme par 4° 20' de latitude nord, une série de cataractes, les plus considérables de toute la Guyane Britannique. Il est navigable pour de gros vaisseaux, jusqu'à 150 milles (280 kilom.) de son embouchure, dont on évalue la largeur, les uns à 10, les autres à 18 milles (de 17 à 30 kilom.). La crique de Canje, ainsi qu'on la nomme dans le pays, est reçue par le Berbice près de son embouchure; les criques Abari, Mahaiconi et Mahaica, cours d'eau considérables, bien qu'inférieurs aux grandes rivières de la colonie, se jettent directement dans l'Océan Atlantique, entre l'embouchure du Berbice et celle du Démérary. La crique Boerasiri, comme on l'a vu plus haut, sépare les comtés de Démérary et d'Essequebo; entre les rivières Essequebo et Barima, se trouvent les criques ou rivières de Pomeroon, Morucca et Waï-Ina.

Ce territoire, malgré sa position si voisine de l'équateur, jouit d'un climat comparativement plus égal et plus tempéré que celui des autres contrées situées sous la même latitude. Cette particularité tient à plusieurs circonstances, savoir: la longueur uniforme des nuits qui donne à la terre le temps de se refroidir par rayonnement; la proximité de l'Océan; la place que la Guyane Britannique occupe précisément sur la limite de la mousson du Nord-Est, et l'angle favorable sous lequel la côte reçoit ce courant atmosphérique. On considère généralement l'année comme partagée en deux saisons pluvieuses et deux saisons sèches; mais dernièrement, ces distinctions sont devenues moins tranchées. Pour donner au lecteur les informations les plus récentes à ce sujet, nous mettons sous les yeux les tableaux des relevés mensuels des observations météorologiques faites par M. P. Sandeman, à l'Observatoire de Georgetown. (Voir la note A.) L'un de ces tableaux montre que la quantité moyenne de pluie tombée pendant une période de 7 ans, est de 7 à 11 pieds ! Il est nécessaire de faire observer toutefois que, quelque considérable que soit cette quantité de pluie, il pleut rarement à la Guyane 12 heures de suite ; une journée se passe rarement sans alternatives de pluie et de soleil. La longue saison sèche dure de la fin d'août à la fin de novembre ; la courte saison sèche dure du milieu de février au milieu d'avril ; mais, même pendant ces deux saisons, il tombe de temps en temps des ondées rafraîchissantes. Sauf quelques intervalles pendant les saisons pluvieuses, le vent souffle habituellement du Nord-Est ; ce n'est autre chose, en réalité, que la constante et rafraîchissante mousson. Les mois de février, octobre et novembre, sont ceux de toute l'année dont la température est la plus délicieuse. Il y a quelquefois des orages accompagnés de tonnerre, aux changements de saison ; mais, les accidents par la foudre sont, si non totalement inconnus, du moins excessivement rares. Les coups de vent sont assez fréquents en certaines saisons ; on n'éprouve jamais d'ouragans à proprement parler, ou de raffales de vent d'une excessive violence.

Le climat de la Guyane Britannique passe pour insalubre, particulièrement pour les Européens ; mais l'expérience démontre qu'habituellement ce climat est aussi favorable à la vie humaine, que celui de bien des pays de l'Europe. Il est vrai qu'il n'est pas parfaitement approprié au tempérament des hommes venant des contrées tempérées de l'Europe, pour se livrer aux travaux des champs dans les basses terres. Il est malheureusement difficile d'avoir des données exactes pour le calcul des chances de la vie humaine dans la colonie, à cause de l'état imparfait des relevés statistiques de la population ; mais l'expérience de la société d'assurance sur la vie, fonctionnant à la Guyane Britannique est très satisfaisante à cet égard, il est vrai qu'elle n'est en rapport qu'avec les classes élevées et moyennes de la société. L'impression défavorable quant à l'insalubrité du climat, tient aux invasions périodiques de la fièvre jaune sous la forme épidémique, fléau qui sévit principalement sur la population étrangère, comprenant les matelots de la marine marchande. L'épidémie ne revient qu'à de longs intervalles ; on en a éprouvé une en 1819, une autre en 1837 et la dernière en 1851. Bien que ces retours soient assez éloignés les uns des autres, ils le sont à peine assez pour détruire l'impression fâcheuse produite par la crainte de la fièvre jaune, sur ceux qui ne connaissent pas la Guyane. L'épidémie borne ses ravages aux villes voisines des embouchures des fleuves ; rarement elle pénètre dans l'intérieur du pays. Sir R. Schomburgk, dit à ce sujet : « La salubrité des
» districts intérieurs est proverbiale ; il y a des exemples de longévité
» remarquables parmi les colons des bords des rivières Démérary,
» Berbice et Essequebo. Le drainage naturel est si parfait que toutes les
» matières insalubres sont balayées par les pluies torrentielles, la trans-
» parence de l'air est telle que les planètes de Vénus et de Jupiter sont
» souvent visibles en plein jour. En descendant le cours supérieur de
» l'Essequebo au mois de décembre 1838, vers 3 heures de l'après-midi,
» je voyais en même temps le soleil, la lune et la planète de Vénus. »

La surface accidentée de la Guyane Britannique, offre la plus grande diversité de productions indigènes ; les végétaux exotiques introduits à différentes époques, se sont parfaitement accommodés du sol et du climat de ce pays. La végétation marche sans interruption, la verdure d'un feuillage qui ne tombe jamais, brille d'un éclat incomparable. L'étranger, dont les regards sont habitués à se reposer sur la végétation comparativement maigre des climats plus froids, est à la fois surpris et charmé à l'aspect de la grandeur de ces gigantesques efforts de la nature, manifestés par l'ampleur, la variété de formes et la prodigieuse rapidité de croissance de tout le règne végétal. Le caractère spécial de la côte, c'est la ceinture de Mangliers (Mangrove), et d'Avicenna nitida (Courida), qui entoure immédiatement les terrains cultivés, lesquels ne sont rien lorsqu'on les compare à l'étendue des terrains cultivables. Dans l'intérieur du pays, des savannes bien arrosées, d'une grande étendue, et d'épaisses forêts couvrent l'espace qui sépare le sol cultivé des premiers étages de montagnes. Dans ces forêts vierges, les arbres à bois tendre atteignent une hauteur étonnante ; leurs troncs et leurs branches sont ornés de végétaux parasites (Orchidées), et rattachés les uns aux autres par des lianes, qui souvent, après avoir dépassé leur cime redescendent à terre et y prennent de nouveau racine. Les palmiers de diverses espèces mêlent leur gracieux feuillage à celui des arbres forestiers ; les eaux elles-mêmes se parent de toute une flore de plantes aquatiques. Les oiseaux, les insectes et les reptiles peuplent de leurs innombrables tribus ces solitudes, dont leurs gazouillements et leurs bruissements troublent seuls le silence ; c'est le domaine de quelques peuplades d'Indiens, restes des anciens possesseurs du pays. De jour en jour ces peuplades deviennent moins nombreuses ; elles conservent pour la plupart cette indifférence apathique contre laquelle viennent échouer tous les efforts de la charité chrétienne, pour implanter parmi elles les germes de la civilisation.

Il serait donc presque inutile de dire que les forêts de la Guyane Britannique peuvent fournir en quantités illimitées les meilleurs bois de charpente, sans égaux quant à la solidité, pour les constructions civiles et navales, outre des bois précieux pour la menuiserie et l'ébénisterie. On ne connaît encore qu'imparfaitement les arbres et les plantes de ces forêts dont les produits ont une valeur commerciale, soit comme médicaments, soit comme matière première propre à divers usages industriels.

D'après Schomburgk, les plus anciens documents qui existent sur la colonisation des côtes de la Guyane Britannique prouvent qu'en 1580, quelques habitants de la Zélande, l'une des provinces des Pays-Bas, fondèrent un établissement près de la rivière Pomeroon, et un autre, plus tard, sur les bords de l'Essequebo. En 1613, un rapport de ces colons montre ces établissements parvenus à un état florissant ; en 1621, le gouvernement se chargea de fournir aux colons des esclaves Nègres d'Afrique. En 1657, les Zélandais colonisèrent de nouveau les bords des rivières Pomeroon et Morucca ; ils y fondèrent les villes de New-Zealand et New-Middelburg. Vers la même époque, des colonies étaient fondées sur le Berbice. Il paraît qu'en 1732, une constitution fut accordée par les États-Généraux à la colonie de Berbice, et une autre, en 1739, à la colonie de Démérary. A cette époque les colonies d'Essequebo et de Démérary ne se développaient qu'avec une extrême lenteur; il n'est fait mention d'aucun établissement nouveau sur le Démérary jusqu'en 1745, époque à laquelle les directeurs de la Chambre de Zélande accordèrent la permission de former des plantations sur les bords inhabités de ce fleuve. En 1781, les forces britanniques s'emparèrent de toutes les colonies hollandaises des Indes Occidentales; ces colonies furent rendues à la Hollande à la paix de 1783; et, presqu'immédiatement, les Français en prirent possession; ils élevèrent des forts des deux côtés de l'embouchure du Démérary. En 1796, ces colonies, redevenues propriétés de la Hollande, se rendirent aux forces britanniques. Sous la protection du gouvernement Britannique, l'agriculture et le commerce y prirent un développement rapide. Avant qu'elles fussent rendues par la paix d'Amiens à la république Batave, en 1802, l'exportation du sucre s'élevait à 35,840,000 livres anglaises (environ 15,000,000 kil.), et celle du café, à 10,000,000 livres angl. (4,200,000 de kil.). A la reprise des hostilités, en 1803, elles retombèrent au pouvoir du gouvernement Britannique qui les possède encore aujourd'hui.

Les travaux agricoles, dans les établissements de la Guyane, étaient exécutés par des esclaves importés principalement des côtes d'Afrique. En 1808, le commerce des esclaves (traite des Noirs), en Afrique, fut en partie aboli; néanmoins, des esclaves en nombre limités continuèrent à être introduits à la Guyane jusqu'à l'abolition définitive de la traite, en 1814. Le chiffre des esclaves à différentes époques est difficile à déterminer; le premier recensement régulier, en 1817, donna le chiffre de 101,712. De cette époque au 1er août 1834, date de l'abolition de l'esclavage dans les colonies Britanniques, le chiffre des Nègres à la Guyane était descendu à 82,824, ce nombre étant celui de tous les esclaves de la colonie dont les propriétaires ont réclamé une indemnité. Cette diminution, qu'on attribue communément aux effets du régime de l'esclavage, est supposée, avec plus de raison, provenir de la disproportion entre le nombre des hommes et celui des femmes de la race africaine, importés à la Guyane. On trouvera dans la note B quelques faits relatifs aux produits de la colonie, durant les premiers temps de son existence.

Au recensement de 1841, la population de la colonie était remontée au chiffre de 98,139. Le recensement de 1851 a donné les chiffres suivants :

Individus nés à la Guyane Britannique.	86,451
Id. nés à la Barbade.	4,925
Id. nés dans les autres îles des Indes Occidentales.	4,353
Emigrants venus d'Afrique.	7,168
Africains importés avant l'abolition de la traite.	7,083
Natifs de l'île de Madère.	7,928
Anglais, Écossais, Irlandais, Américains, etc.	2,088
Coolies Indous de Madras.	3,665
Coolies Indous de Calcutta.	4,017
Indiens non compris dans le recensement, évalués à.	7,000
Militaires et marins.	1,299
Non classés	17
Total.	135,994

De 1841 à 1850, la colonie a reçu 41,052 émigrants ; mais, comme la plupart d'entre eux avaient droit à être reconduits chez eux au bout d'un certain temps, beaucoup ont quitté la Guyane. Depuis la date du dernier recensement jusqu'à la fin de 1841, 14,484 travailleurs agricoles ont été importés, principalement de Madère, des Indes Orientales et de la Chine. (Voir la note C.)

En acceptant comme exact le chiffre de 82,000, assigné à la population rurale par les commissaires chargés d'une enquête sur l'état de la colonie en 1851, le nombre des travailleurs employés dans les plantations est d'environ 20,000, auxquels il faut ajouter un nombre égal d'émigrants cultivateurs. En déduisant les femmes et les enfants, il reste encore bien assez d'ouvriers pour faire sortir du sol des récoltes bien supérieures à celles qu'on en obtient actuellement, si seulement ces ouvriers travaillaient avec une assiduité ordinaire. Mais les laboureurs nés à la colonie ne travaillent jamais le samedi ni le lundi ; rarement ils travaillent le mardi, et c'est rare qu'ils donnent plus de cinq à six heures de travail chacun des autres jours de la semaine. Il est donc évident, en présence de ce manque absolu de dispositions de la classe agricole à fournir une somme de travail sur laquelle il soit possible de compter, que non seulement la prospérité future, mais l'existence même de la colonie, dans un pays de production et d'exportation, reposent exclusivement sur un courant d'émigration du dehors, constamment renouvelé.

Le siége du gouvernement des colonies de Démérary et d'Essequebo, précédemment établi à Fort-Island, sur l'Essequebo, fut transféré en 1812 à Stabroeck, aujourd'hui Georgetown, sur le Démérary; par la réunion de la colonie de Berbice avec les autres comtés en 1831, cette ville est devenue le chef-lieu de toute la Guyane Britannique.

Les positions de l'observatoire de Georgetown, du grand phare et du vaisseau-phare (feu flottant), placé immédiatement au-dessus de la barre du Démérary, ont été déterminées de la manière suivante :

	LATITUDE NORD	LONGITUDE OUEST.	
		Espace.	Temps.
Observatoire..	6° 93' 30"	58° 6' 1/4.	3 h. 52 m. 25 sec.
Grand Phare..	6° 49' 54"	58° 6' 1/4.	3 h. 52 m. 25 sec.
Vaisseau-Phare	6° 55' 33"	58° 1' 1/2.	3 h. 52 m. 6 sec.

La population de Georgetown était :
1829. . . . . 12,204 habitants.
1841. 18,585
1851. 25,508

La seule autre ville importante de la Guyane Britannique est New-Amsterdam, près de l'embouchure du Berbice; lorsque le comté de Berbice formait une colonie séparée, cette ville en était le chef-lieu. En 1851, la population de New-Amsterdam s'élevait à 4,683 habitants.

Disons ici en peu de mots, que cet important fleuron de la couronne Britannique est régi par une constitution politique particulière; c'est avec quelques modifications successivement introduites, celle que lui avaient donnée ses anciens maîtres les Hollandais. Le pouvoir exécutif est exercé par le Gouverneur. Le pouvoir législatif est exercé par une corporation de dix personnes, nommée *Cour politique*; le Gouverneur, le Président du Tribunal, l'Attorney général, l'Administrateur général et le Secrétaire du gouvernement en font partie. Les cinq autres membres sont choisis par la cour, sur une liste double que lui adresse une autre corporation, nommée *Collége des Electeurs*. Ce Collége est composé de sept membres élus à vie, dans chaque district. La Cour politique n'a pas par elle-même d'autorité en matière de finances; elle ne vote les taxes annuelles et ne règle les dépenses que de concert avec une autre corporation de six membres, nommée Collége financier représentatif ; les membres de ce collége sont élus de la même manière que ceux du collége des électeurs; ils ne sont nommés que pour deux ans; mais ils sont rééligibles.

On comptait autrefois comme les principaux produits de la Guyane Britannique, le sucre, le rhum, le café et le coton; il faut aujourd'hui modifier cette liste; elle comprend le sucre, le rhum, la mélasse et les bois. La colonie n'exporte plus dutout de coton; la production du café est devenue insignifiante. Le tableau ci-dessous donne les quantités de ces articles exportées pendant les années 1851, 1852, 1853 et 1854.

Années.	Sucre. Livres.	Rhum. Gallons.	Mélasses. Gallons.	Bois. Pieds cubes.
1851...	66,667,776	1,458,016	905,350	177,780
1852..	94,851,680	2,255,840	957,125	127,356
1853...	65,457,168	1,729,048	626,335	144,031
1854...	83,738,368(*)	2,651,808	241,585	206,962 (**)

Plusieurs d'entre les produits les plus importants de la Guyane Britannique ont eu quelques occasions récentes de se faire connaître et apprécier du public; on peut espérer avec confiance, que la liste des objets d'exportation de cette colonie est destinée à grossir ; des hommes éclairés et entreprenants en Angleterre ont déjà dirigé leur attention sur les quantités inépuisables de fibre textile que peut fournir la colonie, spécialement sur la fibre du bananier; l'état actuel des affaires commerciales en Europe donne à ces produits un intérêt tout particulier.

Il est aussi permis d'espérer de grands avantages de l'Exposition Universelle actuellement ouverte à Paris, sous deux rapports principaux : 1° les produits de la Guyane Britannique étant à peu de chose près les mêmes que ceux de sa sœur la colonie française de Cayenne, en seront naturellement d'autant plus remarqués ; 2° l'état très avancé des

(*) Les relevés du bureau de commerce pour 1854 n'étant pas encore connus dans la colonie, ce chiffre est basé sur la quantité de caisses de sucre exportées en 1854.

(**) Le pied anglais, 0ᵐ 30.

études en France dans les écoles des arts, promet à nos produits un examen approfondi de la part des hommes les plus compétents, et une juste appréciation de leurs propriétés utiles et de leur valeur commerciale.

Nous avons maintenant à donner quelques détails sur chacun des principaux articles compris dans la collection expédiée, et décrits dans ce Catalogue.

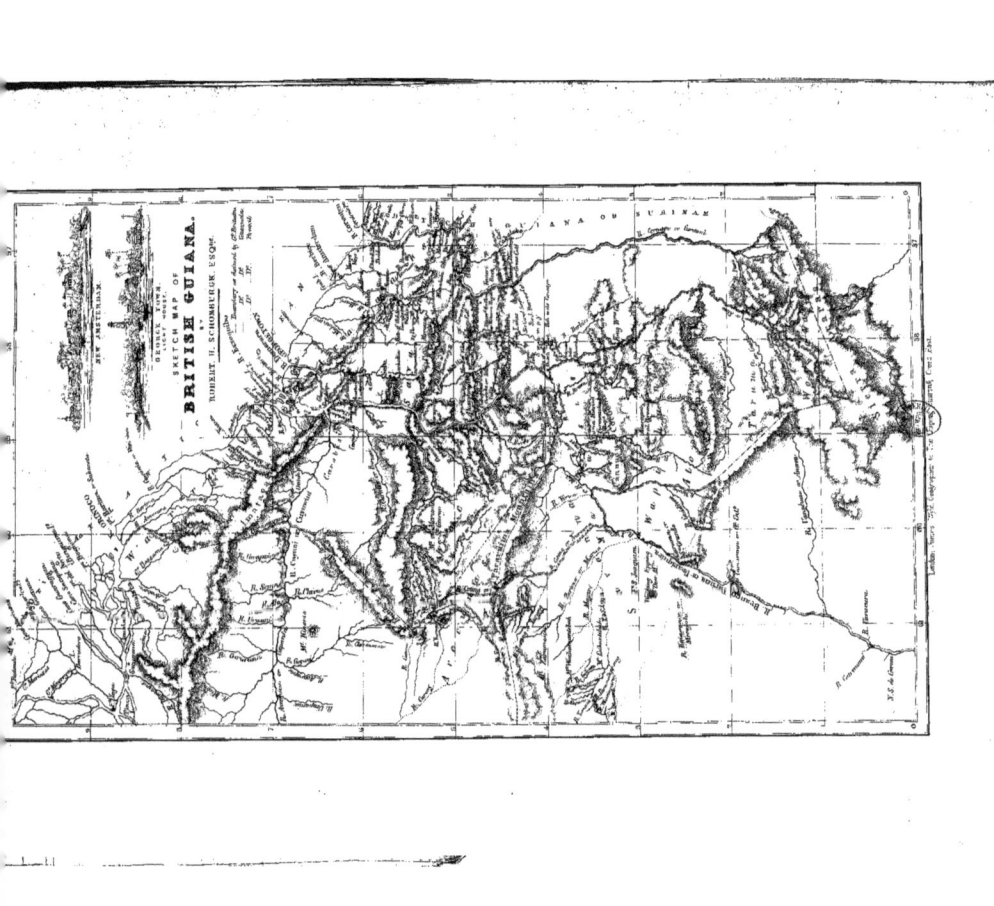

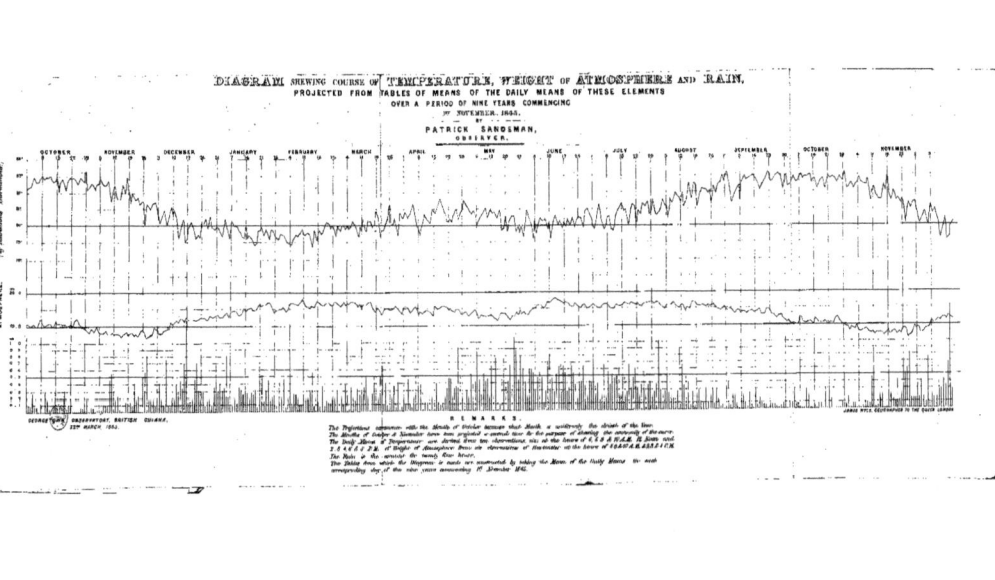

Section A.

Produits de la canne à sucre et autres denrées alimentaires.

SUCRE. (Nos 1 à 7.) — La variété de canne à sucre (*saccharum officinarum*, L.), cultivée à la Guyane Britannique, est celle qui porte le nom vulgaire de *Canne de Taïti*. Le comité a appris que dans plusieurs des colonies étrangères livrées à l'industrie du sucre, de grandes espérances sont fondées sur une nouvelle espèce de canne de la Cafrerie; mais il n'a pas à cet égard de détails suffisamment authentiques pour en pouvoir parler avec connaissance de cause. Le plan selon lequel une plantation sucrière est organisée à la Guyane Britannique est fort bien décrit à la page 15 du premier rapport de feu le docteur Shier, chimiste de la colonie, sur le drainage souterrain. Nous en extrayons le passage suivant :

« Les plantations fondées pour la plupart par des Hollandais, sont tracées sur un plan uniforme. Elles consistent habituellement en pièces de terre longues et étroites, dont un côté fait face à la mer, à une rivière ou bien à un canal. La longueur du grand côté varie de 100 à 300 perches du Rhin (mesure de 12 pieds anglais et 1/3 — 3^m 70). Dans quelques circonstances exceptionnelles seulement, où il n'a pas été possible de donner au sol cultivé une surface régulière, on a dû s'écarter de la forme carrée.

» Chaque plantation est enfermée dans quatre levées ou chaussées. Celle de devant sépare les champs cultivés de la mer, de la rivière ou d'un canal; celle de derrière, parallèle à la première, empêche l'envahissement de ces champs par les eaux descendant du pays boisé, lesquelles, dans la saison des grandes pluies, inonderaient les cultures. La terre argileuse extraite pour creuser les canaux, fournit les matériaux pour la construction des chaussées. Les autres côtés sont également garnis d'une chaussée qu'on nomme habituellement ligne latérale. Les lignes ou chaussées latérales sont communes à deux plantations ; elles empêchent les eaux de les envahir par les côtés. Ainsi, le très long rectangle que forment les terres de la plantation est enfermé dans toutes les directions par une ceinture de chaussées dont la partie supérieure, débarrassée de toute végétation sauvage, fait l'office d'une route entourant le domaine; mais c'est par les canaux que les produits des champs sont transportés aux bâtiments de l'exploitation ordinairement construits sur le côté antérieur. Les transports par eau sont en effet à peu près exclusivement en usage pour les récoltes des plantations. Le système de navigation intérieure pour cette destination est extrêmement simple. De la façade antérieure à celle de derrière, précisément au milieu de la plantation, règne une chaussée qu'on nomme l'allée du milieu; un canal est creusé de chaque côté de cette chaussée ; on nomme ces deux canaux les canaux du centre; ils sont assez larges pour que deux barques puissent y passer l'une à côté de l'autre. La chaussée tient lieu de chemin de hallage pour les bêtes de trait qui remorquent les barques. De distance en distance, à des intervalles assez rapprochés, des canaux transversaux partent à angle droit des canaux du centre. Ces canaux adjacents se terminent à environ quatre mètres d'un autre canal parallèle à la ligne latérale, et qui règne le long de cette chaussée décrite plus haut. Ce système de canaux donne une limite transversale à chaque pièce de terre cultivée, laquelle se trouve ainsi de trois côtés bornée par un canal navigable ; ainsi, la récolte des cannes peut être facilement rendue à bord des barques.

» Dans certaines plantations, il n'y a qu'un seul canal central. Ces canaux sont principalement alimentés par les eaux de pluie ; mais pendant les sécheresses prolongées, spécialement quand les canaux sont peu profonds, ils sont exposés à manquer d'eau ; en ce cas, on fait une dérivation de la rivière, du lac ou du cours d'eau quelconque le moins éloigné, afin d'alimenter les canaux de navigation. Dans d'autres cas, enfin, on est forcé d'y faire arriver l'eau de la mer, sans quoi il serait impossible d'enlever la récolte.

» Le drainage d'une plantation est également peu compliqué. Deux tranchées principales de drainage sont ouvertes d'arrière en avant, immédiatement au-dessous des lignes de côté ; on creuse en général ces tranchées à une profondeur bien plus grande que celle des canaux de navigation. Les petits fossés, creusés à la distance de 2 ou 3 rods (25 à 40 mètres) les uns des autres, commencent à l'un des bords de l'allée centrale de chaque pièce et aboutissent à la tranchée de drainage parallèle à la ligne de côté ; on a soin de leur ménager une pente dans cette direction. Les petits fossés sont ouverts à angle droit avec les tranchées principales de drainage. Les écluses ou vannes (kokers) sont pratiquées dans la chaussée du devant. Quelquefois il n'y en a qu'une pour toute une plantation ; en général, il y en a deux, une à chaque extrémité de la tranchée de drainage. Les tranchées principales de drainage sont habituellement reliées entre elles par un fossé qui règne en arrière de la chaussée du devant.

» Il n'existe dans la colonie rien qui ressemble à un drainage général, par des travaux exécutés en commun, sauf lorsque quelquefois plusieurs plantations étant contiguës les unes aux autres, leurs propriétaires s'entendent pour faire creuser à frais communs un canal de dérivation amenant dans leurs canaux de navigation les eaux d'un lac ou d'une crique. Jusqu'à l'époque de l'émancipation des esclaves, il y avait ce qu'on nommait les *sentiers de la Compaynie ;* ces sentiers consistaient en une levée de terre accompagnée d'un fossé, la levée faisant office de sentier public pour circuler dans l'intérieur du pays, le fossé donnant écoulement aux eaux venant des parties incultes et boisées de la Guyane, lorsque pendant la saison des pluies, ces eaux s'accumulent en arrière de la dernière chaussée de chaque plantation. Plus tard, faute d'entretien, ces fossés se sont en grande partie comblés, de sorte que la chaussée en arrière des plantations ne supporte guère moins d'eau que précédemment, quand la saison est extraordinairement humide, et il n'y a pas de compensation pour la disparition des criques par lesquelles autrefois, quand le pays était dans son état primitif, ces eaux en excès trouvaient leur écoulement vers la mer ; ces criques ont nécessairement cessé d'exister sur les terres converties en poldres et livrées à la culture.

» Les plantations ont habituellement beaucoup de profondeur de l'avant à l'arrière. Les concessions primitives avaient dans ce sens une largeur de 750 rods (2,800 mètres). Il n'y a pas de difficulté à obtenir une seconde concession égale à la première, et quand un propriétaire peut prouver qu'il a mis en culture les deux tiers d'une première et d'une seconde concession, il peut en obtenir une troisième et ainsi de suite, moyennant une rente foncière purement nominale, désignée sous le titre d'*argent de l'acre* (Acre money), fixée primitivement à un taux très bas pour toutes les concessions au-delà de la première. Actuellement, pour les concessions de terres d'une date récente, le prix est fixé à une liv sterl. par acre (60 fr. par hectare). Quant aux plantations qui ne confinent pas à d'autres plantations, leur étendue en profondeur n'est limitée que par les difficultés et les frais qu'entraînerait le transport des récoltes par trop éloignées des bâtiments d'exploitation.

» On peut, dit Martin Montgommery, se former une idée de la dépense qu'exige le creusement des fossés, et du capital nécessaire pour cette opération, lorsqu'on sait que pour le drainage du sol et le transport à la sucrerie des cannes d'une plantation où l'on fabrique annuellement 700 caisses de sucre (hogsheads), il ne faut pas moins de 200 milles de fossés (330 kilom.), et de 30 milles (50 kilom.) de *canaux particuliers* larges de 12 pieds (3^m 60) et profonds de 5 pieds (1^m 50). »

La houe, la bêche et la tranche sont à peu près les seuls instruments en usage pour les travaux de culture, ce qui fait dépendre ces opérations du travail exclusif de l'homme. Quelques tentatives ont été faites pour introduire dans les plantations l'emploi de la charrue; le résultat de plusieurs de ces essais prouve que sous l'empire de circonstances particulièrement favorables, la charrue peut offrir des avantages réels. Toutefois, le grand obstacle à son adoption, comme à celui de bien d'autres instruments d'agriculture, c'est l'existence des fossés découverts. Dans l'état actuel des choses, il n'y a de praticable que le drainage à découvert pour lequel les fossés doivent être ouverts à très peu de distance les uns des autres, si l'on veut que l'eau superflue s'écoule rapidement. La charrue ne peut donc fonctionner que dans une seule direction, parallèle à celle des petits fossés. On ne peut pas non p'us labourer à la charrue trop près des bords de ces fossés, sous peine de faire ébouler ces bords et de mettre obstacle à l'écoulement des eaux, ou bien on a des frais considérables à supporter pour remettre sans cesse les fossés obstrués en bon état, après chaque labour. Néanmoins, dans certains cas, ce travail, même imparfait, exécuté à la charrue, a été trouvé moins coûteux et plus profitable que les labours à la bêche ou à la houe. Le produit moyen d'une acre, sous le système agricole actuellement suivi, est d'une caisse de 2.000 livres (600 kilog.) par acre, environ 1,275 kilog. par hectare; dans quelques cas exceptionnels, ce rendement s'est élevé à 8,000 livres par acre (7,350 kilog. par hectare), soit plus de quatre caisses par acre. Depuis quelques années, l'attention a été sérieusement appelée sur la question du drainage. Les roues à godets, les pompes perfectionnées et les machines d'épuisement à force centrifuge sont actuellement en usage. De sensibles avantages sont procurés aux plantations par les machines d'épuisement, qui suppléent au défaut de pente pour le drainage naturel; nul doute qu'ils ne doivent avoir pour conséquence l'adoption d'un meilleur système d'agriculture. Une expérience faite il y a quelques années a prouvé que même pour nos terres les plus argileuses, le principe du drainage souterrain peut parfaitement recevoir son application (*). Lorsque nous en viendrons à perfectionner nos procédés de culture avec autant de soins que nous en avons mis à améliorer la fabrication du sucre dans nos plantations les mieux dirigées, le drainage souterrain sera considéré comme la plus essentielle des améliorations à introduire. Cette amélioration permettra au colon de se servir des animaux de trait pour faire les labours avec les instruments aratoires les plus parfaits, et de donner des engrais à la terre. C'est ainsi que notre main-d'œuvre actuelle, chère, insuffisante et sans suite, sera remplacée par un travail assuré, profitable, et comparativement à bon marché. Probablement, l'un des plus grands avantages qui résulteront de ce changement de système, ce sera d'imprimer au système agricole une direction tendant à relever la population rurale de son abaissement sur l'échelle de la civilisation.

Le sucre, à la Guyane Britannique, se fabrique par les procédés suivants :

Le jus des cannes est reçu, au sortir du moulin, dans des citernes (*boxes*) où il est mêlé avec la quantité de chaux qu'on juge nécessaire pour sa clarification (**). Le jus s'écoule ensuite dans une série de vases de fonte de fer qu'on nomme les chaudières (*coppers*), tous enchassés dans une maçonnerie de briques et chauffés par un seul foyer, selon la méthode ordinaire. Dans les chaudières, la clarification est poussée aussi loin qu'elle peut l'être par l'enlèvement des écumes, puis, le jus est évaporé jusqu'au degré de centralisation désigné sous le nom technique de point frappant (*striking point*) ; il est alors transvasé dans des vaisseaux de bois où on le laisse cristalliser. Dans la plupart des plantations, on a introduit à titre d'amélioration à ces procédés grossiers, l'emploi de *vases clarificateurs*, chauffés soit par la vapeur, soit par l'action directe d'un foyer ; on se sert aussi quelquefois avec avantage de vases dans lesquels le liquide à éclaircir séjourne pour opérer le dépôt des substances qui le troublent, avant d'être décanté dans les chaudières.

Les appareils d'évaporation dans le vide (*vacuum-pans*) ont été en usage dans quelques plantations de la colonie, il y a plus de vingt ans. Sans le droit élevé dont est injustement frappé le sucre de belle qualité qu'on obtient par cet appareil, il est probable qu'il aurait été généralement adopté. Néanmoins, dans ces derniers temps, plusieurs appareils semblables ont été mis en activité avec les meilleurs résultats ; la valeur des produits a dépassé de beaucoup celle de la mosconade ordinaire (cassonade).

Dans les plantations où l'appareil d'évaporation dans le vide est employé, l'opération est conduite selon le procédé commun, jusqu'à ce que le sirop soit à 25 ou 30 degrés du saccharomètre de Baumé ; alors, il est versé directement dans l'appareil ; quelquefois, il est préalablement

---

(*) Voyez le premier et le second rapport du docteur Shier, sur le drainage souterrain en 1847 et 1848.

(**) Pour les méthodes perfectionnées, voir le rapport du docteur Shier, sur la clarification du jus de cannes. 1850.

filtré. On se sert le plus souvent de la chausse ordinaire à filtrer; mais dans quelques plantations, on se trouve très bien de l'emploi des filtres au charbon animal; la production du sucre en est augmentée en quantité et améliorée en qualité.

Pour séparer la mélasse du sucre, dans les plantations où l'appareil d'évaporation dans le vide est usité, on a eu quelquefois recours à des récipients pneumatiques; mais, depuis trois ans, on les a remplacés par l'appareil de dessication à force centrifuge. On n'est point encore bien d'accord quant aux avantages comparatifs de ces deux systèmes.

L'appareil d'évaporation de Gadsden et Evans et le cône de Lembeck ont été aussi introduits dans la colonie.

Comme complément aux renseignements qui précèdent, nous devons à l'obligeance de M. Robert Smith de pouvoir donner les explications suivantes sur un procédé mis en œuvre sous sa direction, à la plantation d'*Ogle*, sur la rive orientale de Démérary, et qui n'est jusqu'à présent usité nulle part ailleurs dans la colonie.

Le jus de cannes, après avoir été exprimé par l'un des puissants moulins de MM. Mac Onie et Mirrlee, est dirigé vers les clarificateurs, au moyen de pompes ordinaires, en traversant une suite de tuyaux de cuivre qui n'ont pas plus d'un pouce et demi de diamètre (375 millimètres). Ces tuyaux sont enfermés dans un vase de forme cylindrique, rempli de vapeur sous une pression de 5 livres (2 kil. 100 grammes). En trois minutes, à compter du moment où il est exprimé, le jus entre dans les clarificateurs à vapeur, à une température de 170 degrés Farenheit; il y est cuit et traité par la chaux. De là, il passe dans des vases peu profonds où il séjourne une demi-heure pour laisser se former le dépôt, après quoi le liquide déjà à moitié clair est passé une première fois dans la chausse à filtrer, et une seconde fois dans le filtre au charbon animal. Alors, le sirop est prêt pour être livré à l'évaporation, laquelle est opérée dans un appareil de Rillieux, construit par la maison Shears et fils de Londres, munie d'un brevet pour ce procédé dans la Grande Bretagne. D'après des dessins envoyés de la colonie, cet appareil amène le sirop à la densité de 30 degrés de Baumé. La cristallisation s'opère dans le *vacuum-pan*, puis le sucre est *purgé* jusqu'à siccité, par la machine centrifuge. Le principe de l'utilisation de la chaleur latente provenant de la vapeur d'un liquide bouillant, pour faire évaporer une autre partie de liquide, principe appliqué pour la première fois à la concentration du jus de cannes par Rillieux, a été mis en œuvre avec une rare perfection dans l'appareil en question; plusieurs améliorations nouvelles ont été introduites dans sa manière de fonctionner, dans l'arrangement de ses parties et dans le choix des matériaux dont il est construit.

Il consiste en trois vases de fonte de fer, dont chacun est long de 10 pieds (3 mètres), d'un diamètre de 5 pieds (1 m. 50 c.); ils contiennent chacun 300 pieds (90 mètres) de surface de chauffage obtenus par cent tuyaux de cuivre de 0m 05 de diamètre.

La température des liquides bouillants dans ces vases est de 240 degrés Farenheit pour le premier, 224 pour le second, et 140 pour le troisième. L'évaporation dans ce dernier vase a lieu sous un vide de 25 pouces de mercure (62 centimètres), maintenu par l'injection de l'eau dans le condensateur et par une puissante pompe à air.

La vapeur d'un générateur est introduite dans les tuyaux de la première chaudière sous une pression de 25 livres (10 kil. 500 grammes). La vapeur provenant du jus de canne cuit dans cette première chaudière, fait cuire celui de la seconde; la vapeur de la seconde fait cuire celui de la troisième. La vapeur est aussi prise de la première chaudière pour chauffer le jus de cannes, soit dans les clarificateurs, soit dans les vases par lesquels il passe en sortant du moulin. On comprend qu'on peut ajouter au besoin une chaudière de plus à la série, sans déroger au même principe de faire servir la vapeur de la première pour la seconde, et ainsi de suite, jusqu'à la quatrième. Cela fait, la vapeur peut encore passer dans le *vacuum-pan*, dans l'alambic, enfin partout où il y a moyen d'utiliser la vapeur à une tension de 5 à 8 livres (2 kil. 100 gr. à 3 kil. 360 grammes). Quand chacune de ces améliorations sera en vigueur, nul doute que le marc de canne desséché (Mégass) ne puisse fournir une ample provision de chauffage pour tous les besoins d'une plantation.

Il est bon de faire observer que les opérations dont il s'agit ici, de même que bien d'autres dans la colonie, bien que basées sur des principes différents, reviennent au même qu'une production de sucre des qualités supérieures, production qui aurait lieu effectivement, sans le *droit protecteur* maintenu jusqu'à présent par le gouvernement britannique, en faveur des raffineurs de sucre de la mère patrie.

RHUM. (N°s 54 à 61, et N° 64.) — La quantité de rhum fabriquée à la Guyane Britannique est très considérable. On estime généralement que pour chaque *hogshead* (600 kil.) de sucre produit par une plantation, il doit se produire un *poinçon* de rhum. Quelques exploitations n'ont pas de distilleries; elles exportent par conséquent la totalité des mélasses provenant de leur fabrication de sucre; quelques autres ne possèdent pas d'appareils distillatoires suffisants pour distiller la totalité de leurs mélasses; elles exportent donc en même temps du rhum et de la mélasse; les plantations les plus importantes distillent toutes leurs mélasses pour les convertir en rhum. Ce sont principalement les raffineurs de la Grande-Bretagne qui achètent les mélasses exportées de la colonie; ils en retirent le sucre cristallisable. Cette opération devrait se faire dans la colonie. On sait que pendant le transport d'Amérique en Europe, la mélasse subit un certain degré de fermentation qui diminue d'autant son sucre cristallisable. Il serait profitable de fabriquer, non pas de la moscouade, mais du sucre d'une qualité supérieure et d'un prix plus élevé. Toutefois, un obstacle infranchissable s'y oppose, et c'est le droit élevé qui frappe ces sucres, en donnant aux raffineurs de la mère patrie le monopole de la fabrication de sucres les plus chers.

Le rhum rectifié est incolore; il possède une odeur particulière attribuée à une huile essentielle contenue dans l'écorce de la canne à sucre, et qui s'enlève avec les écumes, pendant la concentration du jus de cannes par évaporation, pour passer dans la levure employée pour faire fermenter le liquide à distiller. A la Guyane, le rhum est coloré avec du caramel fait de bonne cassonade. La plus grande partie du rhum qui s'exporte est à la densité d'environ 35 pour cent O. P. Les prix de ce produit sur les marchés de Démérary sont très variables. Quelques qualités spéciales obtiennent des prix élevés; en dernier lieu, toutes les sortes de rhum de la colonie ont éprouvé une hausse de prix considérable. Les procédés de fabrication sont aussi beaucoup plus soignés qu'ils ne l'étaient autrefois; des capitaux importants ont été consacrés à l'introduction, dans les plantations de la Guyane, des appareils distillatoires les plus perfectionnés. L'un des plus nouveaux et des meilleurs est l'appareil breveté de Coffey, dans lequel l'action direct du feu telle qu'elle a lieu dans les alambics ordinaires, est remplacée par des jets de vapeur provenant de l'appareil lui-même, ce qui procure une double économie de temps et de chauffage. Il y a quelques années, feu le docteur Turner, de cette colonie, avait pris un brevet pour un mode amélioré de fermentation qui, dit-on, devait procurer un accroissement de rendement.

RIZ. (Nos 22 à 25.) — Quelques tentatives sur une grande échelle ont été faites dernièrement pour introduire à la Guyane Britannique la culture du riz. Le plus important de ces essais est celui qui fut fait, en 1853, sur la plantation nommée *Vive-la-Force*, où 70 acres (environ 30 hect.) de terres défrichées, à leur seconde année de culture, furent labourées, sarclées et ensemencées de riz provenant de l'état de Géorgie. Ce riz, dont un spécimen est inscrit au catalogue, végéta parfaitement, et son rendement fut évalué à 60 bushels par acre (50 hectol. par hectare). Mais, pour tirer parti de la récolte, il fallut attendre pendant quatre mois l'arrivée d'une machine à battre achetée aux Etats-Unis ; le riz fut tellement endommagé sur pied par les quatre mois de saison pluvieuse, que le rendement effectif fut de beaucoup inférieur à cette estimation. Une partie du riz brut (non mondé) fut embarquée pour Londres ; après avoir été dépouillé de son enveloppe, ce riz fut vendu à raison de 30 schellings le quintal, soit, par quintal, 5 schellings de plus que le prix courant du riz de la Caroline à la même époque. Le même produit, mondé à Démérary avant l'embarquement, obtint une piastre 10 deniers (5 fr. 20 c.) par bushel (35 litres). Une partie de la récolte a été employée dans la colonie pour la nourriture des chevaux ; le riz brut concassé est estimé valoir l'avoine pour cette destination ; et, aux prix actuels, il est à beaucoup meilleur marché. Tandis que le poids d'un bushel d'avoine est de 40 à 45 livres (35 litres pèsent de 17 à 19 kil.), le poids d'un bushel de riz brut (*Paddy*) est de 54 livres (22 kil. 1/2). Une partie du riz récolté à *Vive-la-Force* fut utilisée comme semence ; les échantillons qui figurent au Catalogue proviennent de ces semailles ; ils ont été récoltés sur les plantations nommées DE KINDEREN (Les Enfants) et JAVA. Le riz avarié a servi à préparer l'*arrack*, inscrit au Catalogue sous les Nos 62 et 63. A l'exposition de Georgetown, le prix fut obtenu par le riz de la plantation DE KINDEREN ; sa supériorité fut attribuée à ce que l'on avait fait usage, pour irriguer les rizières, de l'eau trouble dérivée du Démérary, tandis que celles de *Java* et de *Vive-la-Force* n'avaient été arrosées que par les pluies seulement. Bien que ces expériences n'aient été suivies d'aucune tentative sérieuse pour faire entrer le riz parmi les produits de la Guyane Britannique, en raison de la rareté de la main-d'œuvre, elle a suffi néanmoins pour démontrer que même sous l'empire des conditions ordinaires quant aux moyens d'irrigation, et sans exiger des conditions locales particulièrement favorables, 100 bushels de riz brut (35 hectol.)

peuvent s'obtenir, par an et par acre, au prix de 40 piastres (200 fr.), en comprenant dans cette somme les frais de préparation du sol labouré à la bêche, semailles, saulages, récolte et battage, le tout exécuté à bras, sans le secours des machines. Mais on peut attendre un rendement bien plus élevé là où l'on peut disposer de l'eau à volonté par la culture du riz ; si l'on pouvait, d'une part, labourer et niveler le sol à la charrue, battre la récolte au moyen d'une machine, les frais seraient sensiblement diminués. L'expérience faite à la plantation DE KINDEREN, a également prouvé que l'eau légèrement trouble et limonneuse peut être employée avec avantage pour l'irrigation des rizières.

Les observations suivantes de sir R. Schomburgk, montrent que les terres de l'intérieur de la Guyane Britannique sont aussi tout spécialement propres à la culture du riz.

« Il y a, dit sir R. Schomburgk, entre les rivières Berbice et Essequebo, par 4° 20′ de latitude nord, un canton que la nature elle-même semble avoir disposé pour la production du riz ; on y trouve les ressources nécessaires pour une irrigation permanente, et le riz pour être confié à la terre immédiatement après les irrigations, alors que le sol est à l'état d'un limon sans consistance. Les bords du Berbice sont si bas en cet endroit que l'irrigation, avec les eaux prises dans ce fleuve, est praticable même pendant les plus fortes sécheresses. Je suis convaincu qu'on y pourrait faire deux récoltes de riz par année ; enfin, on n'a pas oublié que Mr Bielstein, qui cultivait le riz en petit sur le bas Essequébo, en obtenait constamment trois récoltes par an. La culture du riz pourrait ainsi utiliser des milliers d'acres de terres actuellement laissées à l'abandon ; ces terres produiraient de quoi nourrir les classes inférieures de la population, dont la nourriture est actuellement en grande partie importée des pays étrangers. »

CAFÉ. (N°s 26 à 30.) — Le café produit à la Guyane et exporté en 1830, était de 9,472,756 livres (3,968,557 kil.) ; en 1840, l'exportation du café n'était que de 3,357,300, (1,410,066 kil.) ; en 1849, elle était tombée à 100,550 livres (41,231 kil.) ; depuis 1849, l'exportation du café a cessé complètement ; les quantités produites suffisent à peine à la consommation intérieure de la colonie. En signalant l'exportation du café, autrefois si importante pour la Guyane Britannique, sir R. Schomburgk présente les observations suivantes:

« Le café fut longtemps presque le seul produit des plantations de Berbice et de Démérary ; ce produit a été plus tard complètement négligé, la culture de la canne à sucre ayant été substituée à celle du café. En 1831, la consommation du café dans le Royaume-Uni de la Grande-Bretagne et de l'Irlande s'est élevée à 9,865 tonnes, soit un peu plus de 22,000,000 de livres (9,240,000 kilog.), sa culture offre par conséquent un grand intérêt pour la colonie. En ce moment elle est restreinte à quelques points du littoral où le sol est excessivement riche ; les arbres y végètent avec une vigueur prodigieuse sans donner de fruits de bonne qualité. Sans nul doute la situation qui convient le mieux à cette culture, c'est le flanc d'une colline lorsqu'il y existe des sources. Il n'y a peut-être pas au monde de district plus favorable à la production du café, que la chaîne centrale des montagnes de la Guyane Britannique. Si l'accroissement de la population permet d'étendre la culture à l'intérieur du pays, ce district donnera du café égal à celui de la Martinique et de la Jamaïque, considérés comme les meilleurs des Indes Occidentales ; et, quant à la quantité, elle dépassera bientôt l'exportation de la Jamaïque, bien que cette colonie n'exporte pas moins de 20,000,000 de livres de café par an (8,400,000 kilog.). Le capital à débourser pour l'établissement d'une plantation de café n'étant pas considérable, de grandes facilités seraient offertes aux planteurs ; en apportant un soin judicieux dans le choix de l'emplacement, je ne vois pas de motif pour ne pas espérer de récolter à la Guyane Britannique du café égal en qualité au célèbre moka d'Arabie. »

FÉCULE. (N°s 8, 10, 16, et N°s 33 et 65.) — Les substances dont on peut extraire de la fécule, sont nombreuses. Quelques arbres, comme le *mora,* donnent des semences riches en fécule. Plusieurs fruits, tels que la *mangue,* la *banane* et plusieurs autres, contiennent du sucre de raisin lorsqu'ils sont mûrs, et de la fécule avant leur complète maturité. Mais, à la colonie, on extrait surtout la fécule en grande abondance de plusieurs racines, spécialement de la *cassave douce,* de la *cassave amère,* de la *patate douce,* de l'*arrow-root,* du *tous-les-mois,* du *tannia* et des différentes espèces d'*ignames.* Ces racines sont, pour la plupart, usitées comme aliments à l'état frais. La fécule, pour les usages domestiques, s'extrait principalement de l'arrow-root ; il existe un préjugé contre la fécule de cassave : on dit qu'elle attaque les tissus et les objets de vêtement avec lesquels elle est mise en contact. Cela peut être vrai quant à la fécule extraite de la cassave amère, surtout si, pendant sa préparation, elle n'a pas été suffisamment bien lavée, parce que cette racine contient, en effet, un suc âcre et vénéneux. On voit, sur le tableau suivant, le rendement pour cent en fécule de différentes racines traitées à l'état frais.

PLANTES.	Rendement %.	PLANTES.	Rendement %.
Cassave douce..	26,92	Igname de Guinée	17,03
Cassave amère..	24,84	Banane	16,99
Igname commune	24,47	Patate douce...	16,31
Arrow-root....	21,43	Igname Buck...	16,07
Tannia......	17,05		

Lorsqu'on fait bouillir dans une égale quantité d'eau un poids donné de chacune de ces fécules, et qu'on laisse ensuite refroidir le mélange, il se forme une gelée à différents degrés de ténacité. Le tableau suivant montre la force exigée pour rompre ces diverses gelées ; la force est exprimée en poids.

NOMS DES FÉCULES.	Poids nécessaire pour rompre leur gelée.	NOMS DES FÉCULES.	Poids nécessaire pour rompre leur gelée.
Tous-les-mois (du commerce)	1742	Arrow-root....	393
Tannia......	630	Patate douce...	368
Igname commune.	617	Igname Buck...	151
Igname de Guinée.	571	Cassave amère..	150
Banane......	467	Cassave douce..	78

N. B. Les poids, indiqués sur ce tableau, sont exprimés en grains anglais, dont 23 valent un gramme.

On peut conclure de ce tableau que quand la fécule est employée comme denrée alimentaire, la plus économique est celle qui, sous un moindre volume de matière sèche, produit une gelée de bonne consistance. Cependant la transparence des gelées est presqu'en raison inverse de leur tenacité; on en peut conclure que les fécules de cassave, placées tout au bas du tableau précédent, seraient en tête de la liste, quant à la transparence, et peuvent être, avec avantage, utilisées pour l'apprêt des calicots et d'autres tissus.

Les globules de fécule obtenus de diverses plantes, varient sensiblement de forme et de volume. Le tableau suivant en réunit quelques exemples.

NOMS des Plantes.	VOLUME DES GLOBULES		FORMES ET AUTRES DÉTAILS des Globules.
	Proportion. Fractions de pouces anglais.	Grosseur moyenne.	
Tous-les-mois.	$\frac{1}{300}$ à $\frac{1}{2000}$	$\frac{1}{500}$	Gros, elliptiques et ovales, d'une remarquable transparence.
Ignam Buck..	$\frac{1}{600}$ à $\frac{1}{2000}$	$\frac{1}{800}$	Elliptiques, souvent tronqués à un bout, quelques-uns en forme de poire. Longueur égale à deux fois la largeur.
Igname commune....	$\frac{1}{700}$ à $\frac{1}{2000}$	$\frac{1}{1000}$	Elliptiques; quelques-uns elliptiques allongés.
Igname de Guinée....	$\frac{1}{700}$ à $\frac{1}{2000}$	$\frac{1}{1000}$	Les plus gros globules elliptiques; les plus petits sphériques, souvent tronqués, ovales et comme aplatis.
Banane....	$\frac{1}{400}$ à $\frac{1}{1400}$	$\frac{1}{800}$	Longs et étroits, généralement elliptiques, allongés, souvent plus pointus que ceux des autres fécules à leurs extrémités; quelques-uns linéaires finissant brusquement. Longueur égale à 3 fois la largeur.
Patate douce.	$\frac{1}{1000}$ à $\frac{1}{4000}$	$\frac{1}{2400}$	Sphériques, agrégés.
Arrow-root..	$\frac{1}{800}$ à $\frac{1}{2400}$	$\frac{1}{1400}$	Ovales et elliptiques, chez les plus gros longueur égale à deux fois la largeur.
Cassave amère	$\frac{1}{2000}$ à $\frac{1}{8000}$	$\frac{1}{4000}$	Quelques globules ont 1/1000 de pouce; ils sont ovales; les autres sont sphériques.
Cassave douce	....	....	Globules comme les précédents.
Tannia....	$\frac{1}{2000}$ à $\frac{1}{8000}$	$\frac{1}{4000}$	Globules moins régulièrement sphériques que les précédents

La fécule extraite du fruit du bananier avant sa maturité, ne peut être extraite avec bénéfice, étant associée à une matière colorante dont il est impossible de la séparer. Cette matière colorante résiste aux réactifs de blanchiment les plus énergiques.

Le *tous-les-mois*, ou *buck-shot*, espèce de roseau, est peu cultivé dans la colonie. La plante y croit cependant à l'état sauvage ; à cet état, ses tubercules sont peu volumineux ; ils donnent peu de fécule, et les globules en sont plus petits que ceux de la fécule du *tous-les-mois* des Bermudes. Cependant, il y a quelques années, feu M. T.-M. Pollard, de la plantation de Glasgow, s'est assuré que, par la culture, le volume des tubercules s'augmente ainsi que leur rendement en fécule, et que les globules atteignent à la même grosseur que ceux des meilleures fécules de tous-les-mois du commerce, importées dans la colonie. Dans les expériences de M. Pollard, les plantes avaient été propagées par rejetons ; les tiges à fleurs avaient été soigneusement arrachées. Il n'est pas douteux que beaucoup de plantes fournissant de la fécule, ne puissent être singulièrement améliorées par un système judicieux de culture.

La production de la fécule convient parfaitement à la Guyane Britannique, puisqu'on sait que dans cette colonie, on peut obtenir, par an, 2, 3 et, même dans quelques cas particuliers, 4 récoltes de racines. (Voir sur ce sujet le rapport du Docteur Shier sur les plantes à fécule de la Colonie de la Guyane Britannique. 1847.)

BANANES. (Nos 20, 21, 23 ; Nos 17 18, 19 et section C No 9.)— Nous empruntons, au rapport du Docteur Shier cité plus haut, les détails suivants sur la banane réduite en farine.

« On a souvent conseillé de faire de la banane un article d'exportation. Jusqu'à présent aucune méthode praticable et suffisamment économique de conservation n'a été proposée. La banane est quelquefois tellement abondante et à si bas prix, qu'étant cueillie et séchée à l'état vert, elle pourrait être exportée avec avantage. C'est avant sa maturité que ce fruit est usité en quantités énormes, comme aliment, par les classes agricoles de la colonie. On a toujours considéré cet aliment comme très nourrissant ; pour moi, dans les échantillons de banane sèche, que j'ai soumis à l'analyse chimique, j'ai trouvé 0,84 pour cent d'azote, ce qui, comme on l'a précédemment prouvé, équivaut à 5 1/2 pour cent de composés de protéine. Quand la banane a été séchée et réduite en poudre, elle ne peut, comme la farine de froment, être convertie en macaroni et en vermicelle, ou du moins, le macaroni qu'on en prépare tombe en poudre lorsqu'on le met dans l'eau chaude. Cependant, la banane fraiche forme, lorsqu'elle est cuite, une masse solide plus ferme et plus consistante que la pomme de terre. Cette masse, battue dans un mortier, constitue le *foo-foo* des Nègres. La farine de banane, pour prendre cette forme, doit être d'abord pétrie avec assez d'eau, pour former une pâte épaisse, qu'on fait cuire de différentes manières. La farine de banane se prépare en détachant les supports des régimes, coupant le fruit par tranches et le faisant sécher au soleil ; elle est pulvérisée, puis tamisée lorsque sa dessication est complète. Les Créoles de la Guyane Britannique connaissent cette farine sous le nom de *couquin tay* ; elle a une odeur agréable, qu'elle a contractée en séchant ; cette odeur rappelle celle du foin frais ou celle du thé ; les enfants et les malades en font grand usage. Il est probable qu'en Europe on en ferait grand cas pour la nourriture des enfants et des convalescents ; ce mets mérite d'être essayé, ne fut-ce que pour son parfum et la facilité avec laquelle il se digère. Au point de vue de ses propriétés nourrissantes, il mérite la préférence sur toutes les fécules pures, en raison de la protéine qu'il contient. Il est probable que la farine de bananes serait trouvée plus fraîche et meilleure, si la banane était exportée en tranches sèches, et réduite en farine seulement en Europe. Le bon goût de la farine de bananes dépend en grand partie de la rapidité avec laquelle les tranches ont été séchées ; aussi, à moins qu'on ne dispose, à cet effet, d'un four ou d'une étuve, cette dessication ne peut-elle avoir lieu que pendant la saison sèche ; il importe surtout que les bananes ne soient pas trop près de jaunir en mûrissant, autrement il serait impossible de les dessécher. La couleur de la farine est altérée lorsqu'on s'est servi de lames d'acier pour peler et couper en tranches les bananes. Si l'on opère sur une grande échelle, on peut se servir d'une machine semblable au coupe-racine employé pour couper en tranches les racines destinées à l'alimentation des bestiaux. On peut aussi peler les bananes d'une façon très expéditive, avec une machine très simple. Si la farine de bananes devenait d'un usage vulgaire en Angleterre, et que son prix se rapprochât, plus ou moins, de celui de l'arrow-root des Bermudes, elle deviendrait un article important et très profitable d'exportation pour la colonie. Un régime de bananes, bien garni et parvenu à toute sa grosseur, peut donner 60 p. % de pulpe, et 40 p. % d'écorce ou de queues, comme déchet ; mais, en général, on ne compte pas sur plus de 50 p. % de pulpe intérieure. La pulpe fraîche donne 40 p. % de farine sèche, de sorte que la banane rend, en définitive, 20 à 25 p. % de farine. Ce rendement revient à 5 livres (2 kil. 100 grammes), pour un régime moyen du poids, de 25 livres (10 kil. 500 grammes). Une acre de bananiers, plantés en lignes (42 ares), donne, par an, 450 régimes, donnant une tonne et 10 livres de farine (945 kil. : soit par hectare 12,250 kil.) ; si cette farine était vendue au prix de l'arrow-root, 1 schelling la livre, on obtiendrait la rentrée considérable de 112 l. st. 10 schellings par acre (2,812 francs 50 centimes, soit par hectare 6,600 francs environ). Une plantation nouvelle de bananiers doit produire deux fois plus. En admettant que la farine de bananes n'obtiendrait pas plus de la moitié du prix de l'arrow-root, ce serait encore un débouché avantageux pour les bananes, toutes les fois que, dans la colonie, elles tombent à des prix excessivement bas.

Quand la banane est mûre, la couleur verte de son écorce devient jaune ; alors une grande partie de la fécule contenue dans le fruit est convertie en sucre de raisin. La banane, dans cet état, se mange comme fruit de dessert. La Société des Arts a supposé que la banane jaune, séchée, peut entrer en concurrence avec la figue ; l'échantillon exposé à la grande exposition de Londres de 1851, avait été préparé au Mexique depuis plusieurs années ; il prouve la grande supériorité de la banane sèche (*Plantano passado*) sur les figues quant à la propriété de se conserver, et de résister aux attaques des insectes. Au Mexique, la simple exposition des bananes parfaitement mûres aux rayons du soleil, suffit pour les amener à l'état commercial et les rendre facilement transportables, ainsi qu'on peut le voir dans l'exposé de la *Méthode pour sécher la Banane*, mémoire adressé par Mʳ Percy W. Doyle, du comté de Malmesbury. Une copie de ce mémoire a été transmise à la colonie par sir John Pakington. Mais, soit à cause de l'humidité du climat de la Guyane, soit par suite d'une plus grande proportion d'éléments nitrogènes dans la grande et la petite banane, la pratique démontre qu'ici l'exposition aux rayons solaires ne suffit pas à la préparation de la banane séchée. Il y a, toutefois, trois modes distincts par lesquels ce procédé peut être atteint :

1⁰ En exposant la banane fraîche, parfaitement mûre, à une atmosphère de gaz acide sulfureux avant que la dessication soit commencée;

2⁰ En faisant subir une ébullition rapide au fruit très mûr, dans de l'eau contenant du sulfate de chaux (eau crue);

3⁰ Par une semblable ébullition dans le sirop.

Par un de ces trois procédés, l'albumine et la caséine du fruit se coagulent suffisamment, et la tendance de la banane à fermenter et à se corrompre est arrêtée, jusqu'à ce qu'on ait pu l'amener à un degré convenable de dessication. Sous le climat de la colonie, sans ces précautions préliminaires, le fruit attire l'humidité au lieu de sécher. L'expérience a constaté que le second mode d'opérer est le plus facile à exécuter, et en même temps le moins coûteux. On doit se décider à sécher les bananes avec ou sans leur écorce, avant qu'elles aient été soumises à l'ébullition. Il faut une certaine habileté pour saisir l'instant où le fruit est au degré le plus convenable de maturité.

Avant que le bananier soit coupé, et que les *régimes* ou grappes de bananes soient récoltées, le fruit doit être plein et commencer à tourner au jaune. A ce moment la banane doit être conservée, soit sur la tige de son régime, soit séparément, dans un endroit sec et bien clos, d'après le mode adopté au Mexique, jusqu'à ce que la couleur jaune de l'écorce du fruit devienne noire aux extrémités, avec de grandes taches sur sa surface, que sur quelques-unes de ces taches on commence à voir apparaître ce qu'on appelle dans la colonie *blue mould* (moisissure bleue), et que des nuées de petites mouches grises se soient mises à voler au-dessus du tas de fruits, attirées, sans aucun doute, par l'odeur de sucre qui s'en exhale; jusqu'à ce qu'enfin le fruit cède à une légère pression du doigt, et s'aplatisse en quelque sorte dans la main. Si l'on enlève à ce moment un peu de l'écorce d'une banane, on voit la surface jaune intérieure qui semble comme fondue. Il ne faut pas perdre un instant pour faire cuire aussitôt le fruit, sous peine de le perdre. D'un autre côté, si l'on commence trop tôt la dessication, une partie de la fécule ne se convertit pas en sucre; la banane séchée reste dure et manque de douceur. On s'aperçoit facilement de ce défaut, la dessication terminée, par l'état extérieur du fruit qui manque de souplesse (*shrinkage*). Quand la parfaite maturité de la banane est inégale, ce qui arrive rarement, une légère pression du doigt et du pouce sur les bananes arriérées dans leur maturation, active cette opération, en rompant le tissu intercellulaire. Avant que la banane soit placée dans le chaudron où elle doit bouillir, on peut retrancher les parties inutiles ou gâtées des deux extrémités du fruit, si l'écorce en a été conservée. Cependant, s'il arrive que le sommet du fruit présente des indices de pourriture et doive être retranché, il faut rejeter le fruit tout entier; dans la dessication, la gomme et le sucre de raisin s'échapperaient du centre en couleur ambrée claire. Pour exposer après l'ébullition la banane à l'action solaire, on peut très commodément faire usage, soit des claies de bambou employées au Mexique, soit d'un filet, soit de n'importe quelle autre invention qui permette à l'air et au soleil d'agir sur les fruits. Il importe de les mettre à l'abri à l'approche de la pluie ou des rosées du soir. Pendant un temps pluvieux, on a recours à la chaleur d'un four qu'il faut cependant laisser ouvert ; autrement, la banane serait cuite au lieu d'être séchée. Le four doit être entretenu à une chaleur que la main puisse supporter, sans quoi le sucre de raisin tournerait au caramel, la pulpe du fruit se noircirait et contracterait une saveur amère. L'emballage des fruits bien serrés dans l'intérieur des caisses et soumis à une pression, comme des figues, doit, sans aucun doute, contribuer à la préservation des grandes et des petites bananes mûres séchées.

Les détails suivants, concernant la banane, sont extraits de la bibliothèque des connaissances utiles, aux articles : bois de charpente, arbres, fruits, page 366.— Huit ou neuf mois après la plantation des bananiers, les *régimes*, ou grappes de fruits, commencent à se former ; on peut récolter le fruit dans le courant du dixième ou du onzième mois. Lorsque l'arbre est coupé, son fruit étant parvenu à maturité, on en sépare un rejeton qui porte fruit au bout de 3 mois. Tout le travail de culture nécessaire dans une plantation de bananiers, consiste à couper les tiges avec leurs fruits, et à leur donner une légère façon avec la bêche, une ou deux fois par an. Une étendue de terrain, d'un peu plus de 1,000 pieds carrés, peut contenir de 30 à 40 bananiers. Une grappe de bananes, mûrie sur une seule tige, contient souvent de 160 à 180 fruits, et pèse de 70 à 80 livres (29 à 33 kil.). Mais en admettant seulement que le poids d'une grappe soit de 40 livres (17 kil.), une plantation de ce genre fournira plus de 4,000 livres de substance nutritive (1,680 kil.). Humboldt calcule que 33 l. de froment et 99 l. de pommes de terre exigent le même espace que celui qui peut produire 4,000 l. de bananes ; le produit des bananes est par conséquent à celui du froment comme 133 est à 1, et à celui des pommes de terre, comme 44 est à 1. La banane qui mûrit de force dans les serres d'Europe, n'a qu'un goût insipide ; cependant, les Naturels des deux Indes, qui en consomment des millions, la mangent avec avidité ; la banane les rassasie largement. La substance de ce fruit est très sucrée, les Naturels des pays trouvent cette alimentation, non seulement agréable au moment où l'on en fait usage, mais encore très nourrissante. Cependant, à poids égal, la substance contenue dans la banane ne peut être comparée à celle du froment, ou même à celle des pommes de terre, et néanmoins, le produit d'une pièce de terre plantée de bananiers peut alimenter un nombre d'individus bien plus grand que celui d'un terrain de mêmes dimensions, livré en Europe à la culture du froment. Humboldt estime cette proportion, comme de 25 à 1 ; et il appuie cette assertion en faisant observer qu'un Européen, nouvellement débarqué sous la zône torride, est frappé surtout du peu d'étendue des terrains cultivés autour d'une habitation contenant une nombreuse famille d'Indiens.

Il ne sera pas hors de propos de noter ici : que la grande banane est cultivée à la Guyane Britannique sur une petite échelle ; son fruit est consommé uniquement à l'état de parfaite maturité. La petite banane, au contraire, est cultivée fort en grand ; elle forme, à l'état vert, la nourriture fondamentale et favorite de la population Créole et *Africaine de la Colonie.*

CASSAVE. (Nos 13, 14, 15), et CASSAREEP (Nos 39 et 40.)—La notice suivante est également extraite du rapport du docteur Shier, sur les végétaux produisant de la fécule, de la Colonie : « La question de savoir si la petite banane, ou quelques-unes des racines comestibles croissant sous les tropiques, peut ou non être envoyée en Europe, pour remplacer la pomme de terre, doit devenir, sous peu, une question très importante. Plusieurs d'entre ces fruits, l'igname noire et la cassave, par exemple, doivent être consommés au moment où on les arrache; une fois hors du sol, elles se détériorent de jour en jour. Toutefois, il n'en est pas ainsi, à beaucoup près, de quelques-unes des plus grandes variétés d'ignames. Il y a lieu d'essayer si les meilleures espèces, qui ne supportent pas la conservation, ne pourraient pas, étant coupées en tranches et séchées au soleil, être exportées soit en cet état, soit réduites en farine. La cassave amère, la petite banane et l'igname Buck, sont le plus propres à cet usage. Nous avons déjà mentionné la cassave amère comme substance d'où l'on peut tirer la fécule et le *cassareep*. Dans ce cas, toutefois, le tissu ligneux et cellulaire, avec la petite quantité de fécule que lui laisse le procédé ordinaire d'extraction, constituerait, comme moyen alimentaire, une trop pauvre nourriture. Mais on peut traiter ces racines comme matière première, fournissant la farine de cassave et le cassareep, sans tenir compte de la fécule exprimée avec le jus, tout le reste de la fécule demeurant dans la farine. C'est avec cette farine que les Indiens préparent leurs gâteaux de cassave, beaucoup moins nourrissants, sous tous les rapports, que ces gâteaux de farine de maïs (*). Il n'est pas douteux que, sur les marchés d'Ecosse et d'Irlande, la farine de cassave n'obtienne la préférence ; toutes les classes de la population en feraient un usage habituel, si la cassave était exportée en quantité suffisante. On préparer cette farine de la manière suivante : Les racines, après avoir été lavées dans une machine tournante qui détache la terre adhérente et presque toute la mince pellicule, de couleur foncée, qui la recouvre, sont réduites en pulpe dans un moulin à râpes, sans y ajouter de l'eau ; la pulpe doit être ensuite comprimée par une presse hydraulique qui exprime le jus, mêlé à une petite partie de la fécule. Après qu'on a laissé la fécule se déposer, le jus doit être concentré à la densité d'environ

---

(*) J'ai déterminé la proportion d'azote (nitrogène) contenue dans la farine faite de maïs pur, récolté dans la colonie, comme je l'avais fait précédemment pour la farine de bananes. J'ai également déterminé cette proportion dans la farine de cassave préparée comme il est dit ci-dessus, et dans la même farine avec la cassave coupée par tranches, séchée et pulvérisée, sans en avoir extrait le jus. En adoptant la formule de protéine de Liebig, nommément C X H O on a pour résultat :
48 6 36 4

	Azote pour cent.	Composé de protéine.
Farine de maïs (avec le son)	1,73	10,72
Farine de bananes	88	5,45
Farine de cassave (jus exprimé)	36	2,23
La même de racines coupées et séchées	78	1,83

1/4. On lave ensuite la fécule, qui est pulvérisée, puis séchée. Le contenu des sacs est alors brisé, puis séché au soleil, sous l'influence d'un courant d'air. Il faut ensuite passer la farine de cassave à travers un tamis, pour séparer les parties les plus grossières qui, si elles sont en quantité considérable, peuvent être broyées, tamisées et ajoutées au reste. Dans cet état de farine grossière, la cassave est prête pour la préparation des gâteaux (*). Si elle est convertie en farine fine, on peut la mélanger à de la farine de froment, de seigle ou d'orge. Si une acre de terre bien cultivée, bien drainée, produit 10 tonnes de racines fraîches (environ 10,000 kil.), et j'ai tout lieu de croire que ce rendement peut être obtenu, le produit doit être de 3 tonnes et demie de farine (3,500 kil.), 595 livres de *cassareep* (250 kil.), et 2 quintaux (85 kil.) de fécule; en évaluant la farine à 1 d. la livre (10 c.); le cassareep à 1 h. 5 d. la livre (1 fr. 75), et la fécule à 40 schellings par quintal (50 fr.), on aura un produit brut de 78 l. 13 schellings 4 deniers par acre (1,866 fr.). Pour vérifier les propositions de ces produits, je n'ai employé que des procédés d'extraction excessivement simples; si la pulpe eût été passée avec plus de soin, la quantité de cassave obtenue aurait pu être beaucoup plus considérable. On peut voir, d'après le tableau publié dans une note précédente, que la farine de cassave, préparée de cette manière ne contient qu'une très faible proportion de matière nutritive, en ce qui contribue à la formation du sang, et que le jus exprimé entraîne avec lui une moitié des composés de protéine contenus dans la plante. Mais la cassave doit être coupée par tranche, séchée au soleil, et envoyée en cet état en Europe. Dans ce cas, on devrait donner la préférence à la cassave douce. Dans la saison sèche, les procédés de dessication réussissent parfaitement, et les tranches de cassave séchées se conservent très bien. J'ai vérifié que, si l'on fait d'abord tremper les racines, ainsi préparées, avant de les faire cuire, elles reviennent presque dans leur état primitif, et peuvent parfaitement remplacer la pomme de terre.

Section B.

Matières textiles.

FIBRE DE BANANIER (*Musa Paradisiaca*) ET DE GRAND BANANIER (N° 1 à 22)—Le bananier est un végétal herbacé annuel dont la tige

---

(*) L'opération est ordinairement conduite de la manière suivante : la pulpe pressée est broyée, tamisée, puis exposée au soleil, sur des toiles ou des nattes, jusqu'à ce qu'elle soit plus d'à moitié sèche. On pose sur une plaque de fer chaude un cercle de fer du diamètre et de l'épaisseur que doivent avoir les gâteaux. On remplit l'intervalle compris sur la plaque, dans le cercle, avec de la farine humectée, mais qui ne doit avoir été ni pétrie, ni roulée d'avance. Dès que la farine se prend en masse, le cercle est enlevé et le gâteau retourné pour le faire cuire du côté opposé. La chaleur ne serait pas suffisante pour compléter la cuisson des gâteaux ; on les termine en les faisant sécher au soleil. On fait les gâteaux de farine sèche de cassave, en humectant cette farine avec de l'eau froide en quantité suffisante, et procédant du reste comme ci-dessus. On ne peut ni se servir d'eau chaude, ni pétrir la pâte, autrement l'eau ne s'évaporerait pas assez rapidement, la fécule serait altérée par la chaleur, et le gâteau n'aurait pas de consistance.

a, en moyenne, environ 30 pouces de circonférence (0ᵐ 68), et 10 pieds de haut (3 mètres). Cette tige contient plus de 90 % d'eau chargée de divers sels et de tanin. Toute sa partie solide, exposée sous le Nº 1, consiste en fibres reliées entre elles par du tissu cellulaire. Faute d'une machine propre à séparer cette fibre, cette partie du produit de plusieurs milliers d'acres dans la colonie, est perdue chaque année. L'arbre doit toujours être abattu pour avoir le fruit ; on laisse pourrir la tige avec la fibre qu'elle contient. Cette fibre serait presque en totalité un bénéfice net pour le planteur, si l'on inventait une machine puissante et économique pour la séparer. La fibre du grand bananier est colorée et moins abondante que celle du bananier.

Divers essais ont eu lieu récemment pour construire une machine propre à la préparation de la fibre du bananier musa paradisiaca. On s'en est beaucoup occupé à la Jamaïque ; en dernier lieu, un projet de Compagnie a été proposé pour l'exploitation de cette fibre, sur une grande échelle. A Montserrat, MM. Burke et Burns ont inventé un projet de machine fort simple qui extrait du tronc la fibre toute nettoyée, en une seule opération. Dans cette colonie, le docteur Boughton, médecin, a travaillé cette question et construit une machine à cet effet, dont on dit beaucoup de bien. Mais, le plus large projet de cette nature est sans contredit celui de M. J.-B. Scharp, de Londres, qui propose de consacrer une somme importante à la construction d'un ensemble de machines destinées à fonctionner dans une grande fabrique de fibre de bananier, qui serait établie à la Guyane Britannique. Il propose également de cultiver très en grand le bananier, d'après les meilleures méthodes, en vue d'en utiliser la fibre textile.

M. A.-D Vander Gon Netscher, propriétaire de la plantation *Klein-Pouderoyen*, sur la rive occidentale du Démérary, nous communique d'intéressants renseignements sur la culture du bananier.

« Une expérience acquise par 10 ans de culture du bananier sur 400 à 480 acres de terre (170 à 200 hectares), m'a fourni les données suivantes :

1º Dans une culture bien dirigée, on doit récolter par an, sur une acre de terre, 300 bons régimes de bananes et 50 médiocres ;

2º On coupe tous les ans, sur une acre 700 à 800 tiges, les unes pour avoir leur fruit, les autres parce que la feuille en est tombée, détruite par le vent, les maladies de l'arbre, ou toute autre cause accidentelle ;

3º On ne plante par acre que 400 rejetons, à des intervalles de 12 pieds (3ᵐ 60), dans des lignes espacées à 9 pieds les unes des autres (2ᵐ 70) ; on a reconnu qu'une plantation plus serrée est préjudiciable à la production du fruit et au développement de la tige.

4º Les rejetons plantés ne reprennent que dans la proportion de 75 pour 100 ; ceux qui manquent doivent être remplacés. La culture doit donner, dans l'espace de deux ans, cinq bonnes récoltes de fruits.

5º On n'a jamais essayé de planter les rejetons à la distance de 8 pieds les uns des autres (2ᵐ 40). Je suis convaincu que les bananiers plantés à cette distance et coupés tous les huit mois, pour profiter uniquement de leur fibre textile, donneraient par acre, à chaque coupe, de 1400 à 1500 tiges, soit, en deux ans, environ 4500 tiges. L'abattage des bananiers à la moitié de leur croissance, ferait repousser du pied bien plus de rejetons qu'il n'en vient quand on a laissé l'arbre accomplir le cours entier de sa végétation.

6° L'entretien d'une plantation de bananiers sur une grande échelle coûte 30 piastres par acre et par an (150 fr. par acre, soit environ 375 fr. par an par hectare).

7° Sur la plantation *Klein-Pouderoyen*, après divers essais plusieurs fois répétés, j'ai trouvé qu'une tige de bananier de moyenne grosseur donne 2 livres 1/2 (1 kil. 50) de fibre textile propre, et 1 livre 1/2 (530 grammes) de fibre décolorée et teillée, en employant des machines fort imparfaites.

8° Un tronc de bananier pèse en moyenne 80 livres (33 kil. 60 grammes).

9° L'enlèvement des tiges et leur transport à l'exploitation peuvent se faire à raison d'un dollar (5 fr.) pour 100 tiges. »

CHANVRE DE MANILLE. (N° 22.) — Sir William Hooker pense que la plante qui produit le chanvre de Manille (*Musa textilis, Nees. Musa Sylvestris, Rumph*), est en réalité la même espèce qui a donné les variétés cultivées connues sous les noms de bananier et de grand bananier (*Musa paradisiaca* et *Musa sapientum*), et que toutes les différences observées entre le chanvre de Manille et la fibre de bananier, doivent probablement être attribuées à ce fait, que l'un provient d'une plante sauvage, l'autre de plantes modifiées par la culture ; la première ne donnant pas de fruits mangeables, les autres donnant un produit alimentaire très abondant.

On appelle l'examen particulier des hommes compétents sur la fibre de bananier et de grand bananier, pour fixer l'opinion sur leurs qualités respectives et leur valeur commerciale, comparée à celle du chanvre de Manille.

COTON. (N°s 38 et 39.) — Jusqu'en 1820, le coton a été le principal article d'exportation de la Guyane Britannique. En 1803, les comtés de Démérary et d'Essequebo ont expédié en Europe 46,435 balles de coton du poids de 300 livres chacune (126 kil.). Après la guerre d'Amérique, l'énorme accroissement de la production du coton dans l'Amérique du Nord, coïncidant avec l'abaissement du droit sur les cotons étrangers, sans abaissement équivalent du droit sur le sucre étranger, plaça le coton à la Guyane dans une situation relativement défavorable par rapport au sucre ; si bien que de 1819 à 1823 plus de la moitié des bras employés à la culture du coton passèrent au service de la production du sucre. La liste suivante des prix rend suffisamment compte de ce changement.

Le coton valait, en 1817, 20 deniers la livre (2 fr. les 420 grammes) ; en 1819, 13 d. 1/4 (1 fr 32 c.); en 1820, 13 d. 1/2 (1 fr. 15 c.); en 1821, 8 d. 1/2 (85 c.). A ce dernier prix, le coton ne payait plus ses frais, relativement au prix du café et du sucre, alors hautement protégés. A partir de cette date, la culture du coton a, par degré, diminué d'étendue jusqu'à ce qu'enfin, depuis quelques années, la colonie n'en exporte plus une seule balle.

Sir ROBERT SCHOMBURGK présente les réflexions suivantes au sujet de la culture du coton : « Les espèces de cotonniers indigènes sont très nombreuses; les Indiens en ont d'ordinaire quelques buissons autour de leurs huttes, pour l'usage de leurs familles; j'ai vu, néanmoins, l'industrieux indien Macusi cultiver le coton sur une plus grande échelle. Les hamacs de coton fabriqués par les Indiens, sont estimés pour leur solidité; ils l'emportent à cet égard sur les produits analogues de fabrique européenne. Comme on l'a fait remarquer plus haut, le coton n'a jamais été cultivé par les colons que près des côtes; nos cultures ont dû en grande partie être abandonnées, parce que nos cotons produits par le travail libre dans une colonie Britannique, se vendaient moins cher que les cotons produits par le travail des esclaves aux Etats-Unis. Si, sous le rapport de l'abondance et du bas prix de la main-d'œuvre, la Guyane Britannique était placée sur le même pied que les Etats à esclaves de l'Union Américaine, elle pourrait produire d'inépuisables quantités de coton de toutes les qualités. Nul doute que toutes les variétés de coton, depuis le coton *longue soie* jusqu'aux cotons fins et courts, ne puissent être cultivés avec succès dans la colonie; celles qui ne réussiraient pas dans un canton réussiraient dans un autre. Une étendue de côtes de 290 milles (480 kilomètres), de l'embouchure du Corentin à celle de l'Orénoque, produirait du coton capable de lutter avec les meilleurs du monde entier. Je ne partage pas l'opinion que le beau coton ne peut pas croître à plus de 20 milles de la mer (35 kilomètres); j'ai envoyé à la colonie des échantillons de coton cueillis sur des cotonniers sauvages dans l'intérieur du pays; les juges les plus compétents ont admiré la longueur de la fibre et son aspect soyeux. Cependant on n'avait pris aucun soin de ce cotonnier qui croissait à 400 milles de la côte (666 kilomètres). Quoique sa végétation ne fut pas très vigoureuse, il était couvert d'un coton abondant de la plus belle qualité; enfin, il serait fort avantageux aux cultivateurs de coton de la côte, de changer leur graine et de semer celle du cotonnier sauvage de l'intérieur de la Guyane. »

Section C.

Produits Chimiques et Articles de Pharmacie.

« La Guyane, dit Malte-Brun, est renommée pour ses plantes médicinales. Elle fournit à l'Europe la *quassie amère*, ou bois de Surinam; le *dolichos pruriens*; le *palma christi* (Ricin), une espèce d'ipécacuanha; des gentianes; le *costus arabiens*; le baume de copahiba (Copahu) et plusieurs autres sont mentionnés dans BAJON et AUBLET. » Quoique ce champ d'observations soit comparativement inconnu et inexploré, et que, comme addition à la matière médicale, les Indiens seuls connaissent tout ce qui existe dans l'intérieur du pays, on peut comprendre parmi les productions de la colonie les médicaments suivants et les substances ci-après énumérées, dont quelques-unes possèdent une valeur commerciale bien connue: le greenheart, dont l'écorce et les semences fournissent la bibirine; l'écorce d'angustura, si efficace contre les fièvres intermittentes; le simarouba, qui jouit d'une réputation méritée pour la guérison de la dyssenterie; la salsepareille, dont les propriétés sont bien connues; la *spigelia anthelmentica*, puissant vermifuge ; l'*eryngium fœtidum*, nouveau spécifique contre les affections utérines ; le *rhysophora racemosæ*, reconnu efficace contre la diabète ; le laurier, qui donne une huile employée contre les rhumatismes, admirablement propre à dissoudre le caoutchouc et la gutta-percha ; le tabac ; la noix physique ; la canelle ; le gingembre ; le poivre de Guinée ; les capsicums ; le piment ; la noix muscade ; le poivre noir ; le toyo ; la citronnelle ; le chèvrefeuille sauvage ; l'odorante fève tonka ; la vanille parfumée. Les trésors de la végétation des montagnes n'ont pas encore été explorés ; le docteur Hancock pense que le quinquina doit exister sur les flancs des monts Makerapan. Dans toute la partie cultivée de la Guyane Britannique, on trouve le papaw, qui possède la merveilleuse propriété d'attendrir les viandes fraîches ; sur les bords des criques écartées et dans les coins les plus isolés croit le *strychuos nuciferæ*, qui fournit le célèbre poison wourali. Les forêts ont aussi leur contingent à offrir aux arts : les gommes et les résines de l'*hymenoea courbaril*, du Mani, du Hyava, du Kukurakai et du Wallaba ; les huiles du *Carapa guyaneuses* et de la noix de coco ; le *lecythis grandiflora* ou *monkey-pot* (pot de singe) ; le wangala (*sesamum orientale*) ; le souari ; les palmiers Amyuri et Koquerit s'y rencontrent partout en abondance. On y trouve au service de la teinture, l'arnato, le fustic, le lana (*Genipa americana*), le turuseric, l'indigo, le logwood et le bois du Brésil. Plusieurs arbres donnent du caoutchouc ; les écorces propres à la tannerie y sont innombrables. Le docteur Hancock présente l'observation suivante quant aux produits végétaux de la Guyane Britannique : « L'Acjueru (*Aeuyuri*) est un palmier de moyenne grandeur dont le fruit donne une huile douce abondante, d'une belle couleur jaune d'or, de qualité tout-à-fait supérieure. Les fruits volumineux, sucrés et juteux de l'oubudi (*Anacardium giganteum*), donnent un vin délicieux ; son écorce s'applique avec succès sur les ulcères. Bien que ce pays ait été si peu exploré, il est à peine croyable que ce fruit, l'un des meilleurs du continent américain, soit resté à peu près inconnu à l'Europe. Le dali, noix muscade sauvage, espèce de *Myristica*, est très répandu dans l'intérieur de la Guyane Britannique ; il donne un suif végétal dont on fait d'excellentes chandelles, et qui s'allie aux alcalis pour former un savon très fin et très parfumé. Les espèces de cassia sont en grand nombre, ainsi que l'arbre au caoutchouc qui donne la vraie gomme élastique, et une foule d'arbres résineux. Les forêts sont parfumées par l'arbre à l'encens (*Amyris Ambrosiaca Wild*), son odeur est aussi saine qu'agréable ; le grand arbre sirouba fournit non seulement le meilleur bois du monde pour les constructions civiles et navales, mais aussi, par incision, une huile éthérée camphrée, produit qui, autant qu'on le connaît, est sans égal dans la nature. »

Section D.

Bois de Charpente et pour d'autres usages.

En traitant ici ce qui concerne les bois de charpente et d'ébénisterie de la colonie, nous devons faire observer que les indications inscrites au

Catalogue lui-même contiennent tout ce qu'il est nécessaire de connaitre sur leurs propriétés et leur utilité respective. On peut affirmer, sans aucune réserve, que pour ce genre de productions, la colonie l'emporte sur toute autre partie du monde. Nos bois ont obtenu deux prix à Londres à la grande Exposition de 1851.

Le comité regrette vivement qu'il manque à la collection plusieurs spécimens d'un grand intérêt et d'une grande valeur ; ils ont manqué par des causes accidentelles et n'ont pas pu malheureusement être remplacés. Mais toute personne qui voudrait en essayer l'emploi pourrait aisément s'en procurer des spécimens. La liste suivante contient les noms de quelques-uns de ces bois :

1. — Hucouya ou bois de fer. L'arbre croît à la hauteur de 50 pieds (15 mètres) ; il a souvent 8 pieds de diamètre (2^m 40).

2. — Bisi, arbre gigantesque dont le bois est extrêmement durable ; les Indiens en construisent leurs corials ou canots.

3. — Gtikiriboura-Bali ou bois de tigre (*Machœrium Schomburgku*, Benth). Le bois est magnifique, d'un beau brun, moucheté comme une peau de tigre ; le cœur seul de l'arbre est employé.

4. — Souari (*Caryocar tomentosa Dec, Pekea tuberculosa, Aublet*). Bois très durable. L'arbre, quant à ses dimensions, ressemble beaucoup au Mora (section D, n° 12). Le bois est excellent pour les constructions navales, les arbres de moulin, les planches, etc. On peut en avoir des pièces de 20 pouces d'écarrissage (0^m 45) et de 20 à 40 pieds de long (6 à 12 mètres.)

5. — Siruba. Arbre de première grandeur, ne se trouve que dans l'intérieur. Très employé par les charpentiers de navires.

6. — Anapaina. Grand arbre, commun dans les districts hérissés de rochers, bois à grain serré.

7. — Tataba. Grand arbre, au bois solide et dur ; bon pour les constructions civiles et navales, les arbres de moulin, les planches, les affuts de canon, les caisses à café.

8. — Washiba, ou Bois d'arc. Bois durable, solide, élastique ; très estimé des Indiens pour leurs arcs.

9. — Camara, ou Noix d'Accawai (*Acrodichlidium camara, Schomb.*). Tronc de 40 à 50 pieds de haut (12 à 15 ^{m}), et de 8 à 10 pieds (2^m 40 à 3^m de circonférence) Le bois ressemble au Silverballi (section D, N° 8) ; il est aromatique, amer ; il éloigne les vers et les insectes.

10. — Waranana, ou Oranger sauvage. Grand arbre qui croît principalement sur les bords des rivières Pomeroon, Sapinana, etc. Très usité pour les rames et les douves.

11. — Hackia, aussi nommé *lignum vitœ*. Arbre de 50 à 60 pieds (15 à 18 mètres), de 16 à 18 pouces d'écarrissage (0^m 48 à 0^m 54). Très bon bois de charpente, quelquefois employé pour l'ébénisterie.

12. — Lana (*Genipa Américana, Lin.*). Arbre peu élevé, dont le tronc a souvent 15 à 18 pouces d'écarrissage (0^m 42 à 0^m 54). Le bois est d'un grain serré, ne se fend jamais.

13. — Courida (*Avicennia Nitida, Jac.*). Arbre qui croît avec une étonnante rapidité. Bois se détruisant aisément à l'air libre, mais résistant sous terre ; employé pour les fondations sur pilotis.

14. — Coutaballi. Abondant sur les collines ou dunes de sable. Bois

solide et durable, quand il n'est pas exposé à l'air extérieur. Usité surtout pour les châssis et boiseries de l'intérieur des maisons. 30 à 40 pieds de long (9 à 12 mètres), sur 12 pouces (0ᵐ 30) d'écarrissage.

15. — Saka, ou *Bastard Purple Heart*. Bois d'ébénisterie.

On pourrait ajouter à cette liste beaucoup de très bons bois bien connus dans la colonie; mais il ne portent, pour la plupart, que des noms Indiens; ils n'ont pas été décrits et ne sont pas botaniquement déterminés

Nous avons dit que des navires d'un fort tirant d'eau peuvent remonter nos rivières à une distance considérable de la mer, et charger des bois aux divers établissements d'exploitation forestière. De vastes forêts vierges n'ont pas encore été entamées, surtout au-dessus des rapides où la difficulté du flottage des bois s'oppose à leur utilisation. Nous ne pouvons mieux compléter nos remarques à ce sujet qu'en transcrivant le passage suivant de l'ouvrage publié, il y a 15 ans, par sir Robert Schomburgk ; nous exprimons, en même temps, nos regrets de ce qu'après avoir fourni des bois de charpente navale aux chantiers des Bermudes et de l'Angleterre, il n'ait été donné aucune suite aux avis suggérés par sir Robert Schomburgk.

« Les propriétés des bois de la Guyane Britannique pour les constructions navales sont très remarquables ; elles l'emportent souvent même sur celles du bois de Teck. Le greenheart, le mora, le souari ou sewari, sont, sans aucun doute, les meilleurs de tous les bois pour la charpente des navires. Depuis 10 à 12 ans, un nombre considérable de billes de greenheart brun a été envoyé à Liverpool et à Greenock ; j'ai su que les constructeurs de navires et autres personnes compétentes sont d'avis que ce bois, après 10 ans d'essais prolongés, l'emporte sur le chêne et mérite un prix plus élevé, par ses qualités solides et durables.

» Si ces bois avaient été employés depuis 15 ans dans les chantiers de constructions de la marine royale, l'opinion des juges les plus compétents est qu'on n'aurait pas entendu parler de la pourriture sèche non plus que du brevet d'invention de M. Kyan, non plus que de la destruction rapide des vaisseaux construits en chêne d'Angleterre ou d'Afrique, des réparations continuelles, des frais et des embarras qui en sont la conséquence. Donc, si l'Amirauté anglaise voulait se souvenir que la Guyane Britannique possède pour la marine les meilleurs bois qui soient au monde, et qu'elle en a de quoi alimenter tous les chantiers maritimes de la Grande-Bretagne, il en résulterait un double avantage : d'une part, économie pour l'état ; de l'autre, accroissement d'exportation des bois de la colonie. On pourrait commencer par établir un chantier de réparation pour les croiseurs de la marine de Sa Majesté, de la station des Indes Occidentales, qui ne calent pas plus de 18 à 20 pieds d'eau (5ᵐ 40 à 6 mètres). Si l'on considère l'importance du résultat à atteindre, les frais d'un tel établissement semblent insignifiants. »

Section E.

Produits de l'Industrie Indienne et articles divers.

Les échantillons des produits de l'industrie des naturels de la Guyane seront, sans nul doute, très remarqués du public. La condition de cette race singulière doit exciter l'intérêt de tous ceux qui ont occasion d'étudier son caractère, et de réfléchir sur le peu que l'on connaît de son histoire.

Il n'est pas facile d'arriver à la connaisssnce exacte du chiffre de ces populations nomades si timides, redoutant le contact des étrangers, très difficiles à approcher dans l'intérieur des terres ; l'accès de ces tribus, à part les bords des rivières et les voies principales de communication, n'est connu que des Indiens eux-mêmes. Le dernier recensement porte à 7,000 le nombre total des indigènes résidant sur le territoire britannique ; mais Mr Mac-Clintock, surintendant des rivières et des criques de Pomeroon, qui réside tout-à-fait au milieu des Indiens, et prend un vif intérêt à tous les efforts tentés pour leur donner une éducation morale et religieuse, porte cette estimation beaucoup plus haut. Il évalue la population indienne de son district à 4,160 individus, dont 2,042 hommes et 2,118 femmes, auxquels il faut ajouter 500 individus, chiffre présumé des absents. D'après les notions qu'il possède sur la population indienne disséminée sur le territoire de la colonie, il pense que son chiffre total ne peut être évalué à moins de 15 ou 16 mille individus.

Voici les noms des différentes tribus connues dans la colonie : Arawaak, Warrau, Caribi ou Caribisi, Accaai ou Waccawai, Taruma, Macusi, Arecuna, Wapisiana, Atorai, Woyawai ; les six dernières de ces tribus seules habitent fort avant dans l'intérieur. Les plus puissantes sont les Macusis et les Arecunas, qui occupent les régions situées sur les limites du sud et sud-ouest ; quant à la tribu des Caraïbes qui ont été répandus au loin dans îles des Indes Occidentales, jadis la terreur de tous ceux qui tentaient de s'y établir, il n'en reste presque plus à la Guyane. Par la taille et les traits, les coutumes, la manière de vivre, ces tribus se ressemblent entre elles ; il existe, toutefois, des différences frappantes dans leurs langages.

L'opinion de sir R. Schomburgk, fondée sur l'affinité des racines de ces dialectes, c'estque les tribus Caribi, Macusi, Arecuna et Wapisiana descendent d'une souche commune ; la langue des Accawai est un dialecte Caribi ; les autres diffèrent plus ou moins dans leur composition.

L'opinion unanime des auteurs qui ont écrit sur ce sujet, c'est que le nombre de ces peuplades s'affaiblit graduellement. Parmi les causes qui ont amené ce résultat, on place le contact des tribus avec des nations soi-disant civilisées, qui les ont opprimées au lieu de les protéger, et qui ont importé chez elles les vices et les maladies, sans les vertus de la vie civilisée. Cette cause de détérioration n'est assurément pas applicable aux aborigènes de la Guyane ; ils ont joui, pendant plusieurs années, de priviléges particuliers qui leur permettent d'errer sans inquiétude à travers un vaste territoire, d'occuper les points à leur convenance, de s'y établir, et de couper les bois de charpente sur tous les terrains qui ne sont pas concédés à des colons. Jusqu'à une époque toute récente, des magistrats, désignés sous le nom de *Protecteurs des Indiens,* furent chargés de faire respecter et de conserver intacts ces droits et ces priviléges, et plus spécialement de les protéger contre l'oppression et les exactions ; sous la direction de ces magistrats, une distribution périodique d'objets qu'on jugeait utiles ou confortables était faite aux Indiens. On sait que sur le territoire de Venezuela, les Indiens sont encore soumis à une très dure oppression ; au moment où nous écrivons, les autorités du Brésil font faire la chasse aux esclaves contre les Indiens, jusque sur le territoire contesté. Sir R. Schomburgk, à l'appui de cette assertion, rapporte les faits suivants, dont il a été témoin oculaire : « Le système des Brésiliens de chasser les Indiens pour en faire des esclaves, demeure en vigueur avec toutes ses atrocités, dit sir R. Schomburgk. Ces expéditions, nommées *descimentos*, se rattachent à une cause politique ; elles sont toujours dirigées vers les frontières du territoire contesté. Lorsque les assaillants arrivent près d'un village indien très peuplé, ils se mettent en embuscade à la faveur de la nuit ; puis ils tombent sur leurs victimes plongées sans défiance dans leur premier sommeil. En mettant le feu aux chaumières, en déchargeant leurs mousquets, les assaillants jettent la consternation et l'épouvante, et réussissent à s'emparer de la plus grande partie des paisibles habitants. J'eus le malheur d'être témoin de la surprise d'un village indien du district du fort de St-Joaquim, sur la rivière de Branco, en août 1838, par une expédition de ce genre, près des montagnes d'Ursato, sur la rive gauche de la rivière Takutu, territoire contesté de la Guyane Britannique. Les Brésiliens emmenaient en esclavage 40 personnes, savoir : 18 enfants au-dessous de douze ans, 13 femmes et 9 hommes, dont quatre au-dessous de trente ans, et deux ayant plus de la cinquantaine. Ces horreurs furent commises avec l'autorisation expresse des magistrats. » Les Indiens répugnent à se soumettre aux méthodes européennes de traitement médical ; quand la fièvre ou la petite vérole sévissent chez eux, beaucoup meurent par suite de négligence ou de manque de soins. L'infanticide n'existe pas chez les Indiens, au moins comme pratique habituelle.

La *loi de retaliation* a également eu pour effet de diminuer la population des tribus indiennes ; cependant, les Indiens semblent plus disposés qu'autrefois à obéir à l'autorité, soit du gouvernement, soit des ministres de la religion.

Dans plusieurs circonstances même récentes, le parent d'un Indien dont le sang a été répandu, déclarait au magistrat du lieu, que si l'homicide était arrêté et puni selon la rigueur des lois anglaises, il renoncerait à ses projets de vengeance ; mais qu'autrement, tôt ou tard, la vie du meurtrier serait prise en échange de celle de sa victime. Toutes ces causes réunies semblent bien suffisantes pour rendre compte de la disparition générale de cette race.

Il y a plusieurs établissements à la charge des ministres de l'Église protestante d'Angleterre et d'Écosse ; un seul est desservi par l'Église catholique romaine, établie pour l'avantage spécial des Indiens. Les efforts de ces prêtres ont été couronnés de succès ; mais la tendance du caractère indien à retourner aux habitudes sauvages et nomades de sa race est si prononcée, que ces essais de civilisation amènent bien rarement des résultats permanents.

Quoique les Indiens aient le travail en aversion et qu'ils soient portés naturellement à l'indolence et à l'hésitation, cependant, si l'un d'eux s'engage à exécuter un travail, il est fidèle à sa promesse. Dans plusieurs districts, les Indiens sont d'un grand secours aux compagnies de coupeurs de bois ; malheureusement, ces associations ne sont rien moins qu'avantageuses pour les pauvres indiens.

Les Warraus, particulièrement, sont habiles dans la fabrication des canots, ou *corials*, qu'ils font en creusant les troncs de certains arbres tels que le cèdre rouge, le caraburi, l'itaballi, le kurakai, etc.; les dimensions de quelques-uns de ces canots sont telles, qu'ils peuvent recevoir cent passagers. Les Macusis préparent le poison célèbre de wourali. Ce poison est employé par toutes les tribus indiennes de l'Amérique du Sud, de l'Amazone à l'Orénoque; mais les Macusis sont ceux qui le préparent avec le plus de perfection. Le lecteur, désireux de connaître sa préparation et ses usages, peut recourir à l'intéressante narration de Watterton (Promenades dans l'Amérique du Sud), dont le premier voyage fut entrepris principalement dans le but d'obtenir un spécimen de ce poison préparé par les Macusis. On trouve dans cet intéressant ouvrage une excellente description de la sarbacane, des flèches et des carquois, classés au Catalogue, armes au moyen desquelles les Indiens chassent le gibier, avec les flèches imprégnées du poison wourali.

A cause de la rareté du sel, les Indiens ont recours, pour conserver le poisson et le gibier, à un mode de préparation nommé *barbacuing*; le procédé consiste à suspendre le poisson ou la viande sur un châssis, au-dessus d'un feu de bois, et à l'y laisser exposé à la fumée pendant environ douze heures; ces provisions se maintiennent sans se corrompre pendant plusieurs semaines.

Les instruments employés dans la fabrication du pain de cassave sont fort ingénieux. La râpe (*simarri*) est faite d'une planche mince et plate; un des bords de cette planche est couvert de parcelles de quartz brisé fixées dans une couche de résine ramollie par la chaleur. Quand la racine de cassave est convertie en pulpe par ce procédé, on la met dans un panier à longue ouverture en tube, nommé *matapi*, où elle est pressée de la manière décrite au Catalogue.—(Voir au N° 84.)

Les armes, les hamacs, les ouvrages de vannerie des Indiens, principalement les filets faits avec la substance fibreuse qu'ils nomment *pegalls*, dénotent chez eux des dispositions pour le dessin, et de l'aptitude pour la fabrication. Un fait très remarquable, c'est que plusieurs des modèles de leurs ouvrages de vannerie, offrent une grande ressemblance avec les ornements d'architecture des anciens; un dessin, entre autres souvent reproduits sur les *pegalls*, est identique au modèle de méandre des vases grecs et étrusques, dessin qu'on retrouve également dans l'ornementation égyptienne et assyrienne.

Section F.

Histoire naturelle.

Nous avons déjà fait remarquer la libérale profusion avec laquelle la nature, dans tous les règnes, a doté la Guyane Britannique. En effet, on peut dire avec raison, que la terre, l'air et l'eau, considérés comme agents de production à l'égard des êtres animés, sont dignes à-la-fois d'études et d'admiration.

Le sous-comité regrette de n'avoir pas eu les moyens de consulter l'ouvrage récent de M. Richard Schomburgk, intitulé : Voyage à travers la Guyane Anglaise. Ce livre, publié en Allemand, est pour cette raison à peu près inaccessible à la généralité des lecteurs ; mais l'esquisse suivante, du règne animal de la colonie, par sir Richard Schomburgk, paraîtra en même temps intéressante et instructive.

« Les quadrupèdes de l'hémisphère occidental ne sont égaux ni par le nombre, ni par les dimensions, à ceux de l'Asie et de l'Afrique. Le jaguar, ou tigre de l'Amérique du Sud, le puma, ou lion américain, et plusieurs autres animaux de la race féline, sont les plus féroces de tous ; néanmoins, il y a très peu d'exemples qu'ils aient attaqué l'homme ; les colons ne redoutent leur approche qu'en raison des déprédations qu'ils commettent sur les troupeaux de bœufs et de moutons.

Mon intention n'est pas de faire entrer dans cet ouvrage, d'une étendue limitée, une description complète des animaux indigènes de la Guyane. je me contenterai d'énumérer ceux qui servent à satisfaire les besoins de l'homme, en lui procurant une nourriture à-la-fois saine et délicate. Le tapir ou maipuri, le capibara ou waterhaas, le labba, l'agouti, l'acuchi, le cairuni ou porc sauvage, le peccari ou porc méxicain, et les daims de différentes espèces, appartiennent à cette catégorie. Les autres animaux sont le fourmilier ou tamanoir, le tatou ou armadillo, le paresseux, la loutre, plusieurs variétés de putois et de sarigues ou opossums. De nombreuses bandes de singes, de différentes races, peuplent la forêt, qui, sans eux, serait solitaire ; elles servent de nourriture aux Naturels. On rencontre, de temps en temps, dans les grandes rivières, le manati, lamantin ou vache marine, dont la chair, blanche et délicate, peut être comparée à celle du veau.

Les oiseaux ne sont pas moins nombreux. Tandis que quelques-uns d'entre eux excitent notre étonnement par la magnificence de leur plumage, les autres compensent largement ce qui peut leur manquer sous ce rapport, par les qualités recommandables de leur chair, nourrissante et agréable au goût. A ce dernier genre d'oiseaux se rattachent plusieurs espèces de canards sauvages, le powis, le marudi, le hannaqua ressemblant au faisan, le duraqua et le maan, se rapprochant tous deux de la perdrix d'Europe, des pigeons sauvages, etc. Je dois une mention particulière, parmi une foule d'autres, au jabiri ou tararanu, grand oiseau qui fréquente les savanes ; sa chair est assez semblable à celle du bœuf ; nommons encore les perroquets, les grands aras, dont le plumage brille des reflets les plus vifs du bleu, du pourpre et du jaune ; les nombreuses variétés d'oiseaux-mouches, ornés du plumage le plus riche, étincelant d'un éclat métallique, lorsqu'ils se frayent un chemin de fleur en fleur ; le toucan, les loxas ou oiseaux moqueurs, d'un jaune vif mêlé de noir, qui suspendent leurs nids à la même branche que les nids des abeilles sauvages ou guêpes, avec lesquelles ils semblent avoir fait alliance, et dont ils recherchent la protection. Tant qu'ils sont sous cette protection respectée, le singe le plus entreprenant ou le tigre le plus féroce, n'oserait tenter de détruire leurs œufs. L'oiseau-cloche, ou campanero, blanc comme la neige, avec une huppe de plumes sur la tête, dont le cri a été comparé au son d'une cloche de couvent ; le magnifique coq de rochers, à l'éclatant plumage orangé, la tête ornée d'une crête semi-circulaire, donnent une idée de la splendeur avec laquelle la nature a prodigué ses largesses aux oiseaux, sous les tropiques.

Parmi les sauriens, le caïman et l'alligator sont peut être les animaux les plus redoutables. Le dernier est trop petit pour être dangereux ; et même, lorsque j'ai rencontré le caïman, je n'ai jamais remarqué en lui aucune disposition à s'attaquer à l'homme, à moins qu'il fût provoqué. Le guana, ou iguane, dont l'apparence est celle d'un lézard commun qui aurait pris une taille colossale, n'a pas moins de 4 à 6 pieds de long, y compris la queue (1^m 20 à 1^m 80) ; il est tout-à-fait inoffensif ; ceux qui ont surmonté le préjugé que son extérieur inspire généralement, ont trouvé sa chair très délicate.

Les tortues de terre et les tortues d'eau vive sont très abondantes ; les dernières vivent principalement dans la rivière Essequebo et ses affluents. Elles se rassemblent en grand nombre à l'époque où les femelles déposent leurs œufs sur le rivage sablonneux, ou sur les bancs de sable du lit des rivières. Ces œufs sont un excellent mets ; les Indiens les mangent frais et fumés ; ou bien ils en tirent une huile douce, très employée dans les préparations culinaires des Brésiliens.

Plusieurs serpents de la Guyane sont venimeux ; mais la nature, comme pour contrebalancer en quelque sorte leur pouvoir formidable, les a rendus inactifs, indolents, et peu disposés à mordre, à moins d'être irrités. Le conocushi ou bush-master, le rattle-snake, le crotale ou serpent à sonnettes, le labaria, le serpent guana, le serpent perroquet, le capairu et le serpent écarlate sont considérés comme les plus dangereux d'entre ces reptiles.

Le camudi et le colukunaru appartiennent au genre *boa* ; on n'a que fort peu d'exemples qu'ils se soient attaqués à l'homme ; ils se contentent de surprendre des daims ou d'autres quadrupèdes de plus petite taille.

Les rivières de l'intérieur abondent en poissons très variés, et d'une excellente qualité. L'arapaïma, ou pirarucu (sudis gigas), et une espèce de silurus, le lau-lau, ont 10 à 12 pieds de long (3^m à 3^m 60), et pèsent de 200 à 300 livres (84 à 126 kil.). Le lucanani, ou poisson soleil (sun fish), le hiamara, le bashaw, le cartabac, le kilbagree, le délicieux pacu, l'arouan, le paiara, le pirai, le morocoto ou osibu, le laukidi, le parrau, etc., se disputent en délicatesse aux plus recherchés de nos poissons d'eau courante, tandis qu'un grand nombre d'autres contribuent également à la nourriture de l'homme.

Parmi les insectes, on sait que quelques espèces de fourmis, très nuisibles à la végétation, les *termites* ou fourmis blanches, font un tort irréparable aux charpentes et au mobilier des habitations où elles parviennent à fixer leur domicile. La piqûre du scorpion et la morsure de la scolopendre sont douloureuses, mais non dangereuses. Ces insectes sont confinés, principalement dans les maisons anciennes et en ruines. La morsure de l'araignée des buissons, et de celle qu'on nomme tarentule, produit l'inflammation sur la partie attaquée, sans mettre cependant la vie en danger. Le tshiko, ou chigo, petite espèce de mouche qui pénètre sous l'épiderme du pied, fait une blessure souvent cruellement douloureuse ; cette mouche infeste les huttes abandonnées, principalement celles construites sur un sol sablonneux ; une minutieuse propreté est le seul remède pour se préserver de ces insectes. »

Nous donnerons maintenant des détails particuliers sur un ou deux points, sans la connaissance desquels il est impossible d'apprécier avec justesse toutes les productions naturelles de la colonie.

Nous avons parlé des savanes ou *prairies*, ainsi qu'on les nomme dans l'Amérique du Nord. Elles sont en ce moment presque entièrement désertes, bien qu'elles offrent toutes les facilités désirables pour y entretenir d'innombrables troupeaux de bœufs et de chevaux. La colonie dépend en grande partie de Venezuela pour son approvisionnement en bestiaux ; elle est souvent endettée vis-à-vis des Etats-Unis pour le recrutement annuel de ses maigres troupeaux de moutons. Vers la fin du siècle dernier, le gouvernement Brésilien établit quelques fermes pour l'élève du bétail dans les environs du fort Saint-Joaquim, poste de la frontière du Brésil, sur la rivière Branco. Ces fermes furent abandonnées pendant les désordres révolutionnaires, et les bestiaux se dispersèrent dans les plaines environnantes, où ils ont multiplié. On assure que les savanes des rivières Berbice et Démérar y sont de beaucoup supérieures à celles du Rupununi comme pâturages ; c'est là un débouché ouvert à l'activité de ceux qui n'ont ni les moyens, ni les dispositions nécessaires pour s'aventurer dans une spéculation aussi incertaine que celle de la culture de la canne à sucre.

Quoique toutes les eaux de la colonie abondent en poissons de toute espèce, on peut dire cependant qu'au point de vue industriel, la pêche y est entièrement négligée. En effet, la pêche est la ressource favorite du paresseux qui, dans l'espace d'une heure ou deux, non seulement y trouve de quoi satisfaire à sa propre existence, mais encore de quoi se procurer un surplus d'approvisionnement, qu'il exporte à des prix exorbitants. L'isinglass ou colle de poisson, préparée avec la vessie natatoire du gilbagre ou gilbacker (Silurus Parkerii), s'exporte en assez grande quantité. Quelques poissons de rivière, notamment le pacou (Myletes pacu), le cartabac (Tetragonopterus latus), et d'autres, séchés et fumés, fournissent une excellente nourriture : beaucoup d'autres, dans cette série, pourraient sans aucun doute rapporter un bon bénéfice avec très peu d'avances et de travail.

Nous avons précédemment appelé l'attention du lecteur sur cette circonstance, que, de toutes les branches de l'histoire naturelle de ce vaste territoire, ce que nous connaissons le moins, ce sont les richesses minérales de la colonie. L'eau des puits artésiens, ouverts sur divers points du territoire de la Guyane, ainsi que celle de plusieurs sources naturelles, est fortement imprégnée de fer. On n'y a pas trouvé de sources thermales. On rencontre dans les montagnes de grands indices de mine de fer brun ; on en rencontre également dans les plaines, entre les rivières ; les environs de Roraima fournissent du cristal de roche, incrusté dans le grès ; les grandes masses de granit sont fréquemment traversées par des veines de quartz ; mais il y a absence totale de pierre calcaire et de ses diverses modifications Des mines d'or et d'argent existent probablement dans la colonie, mais ces métaux y sont en quantité trop minime pour que la recherche en soit profitable ; d'ailleurs, sous l'empire des circonstances actuelles, la découverte de mines abondantes de métaux précieux serait plutôt à redouter qu'à désirer, car elle y serait une source de graves perturbations. Les plaines aurifères de Venezuela s'étendent jusqu'aux limites de la Guyane Britannique ; mais on ne peut y travailler que pendant 4 mois de l'année, et cela en subissant toute sorte de privations, et luttant contre toute sorte d'obstacles. Le beau sable blanc, propre à la fabrication du verre, est très abondant ; l'argile de la colonie a été employée avec succès à fabriquer d'excellentes briques et des tuyaux de drainage, de tous les modèles. La substance décrite au Catalogue, n° 70, sous le nom d'Oreala, se trouve en quantités presque inépuisables sur les rivières Corentin, Berbice et Démérary.

Avant de terminer, nous avons à faire connaître les obligations que nous devons à MM. Cartwright, Commissaire-Président à l'Etablissement Royal Pénitencier, sur la rivière Masaruni ; Mac-Clintock, Surintendant des rivières et des baies, sur la rivière Pomeroon ; et T.-B. Dugging, exploitateur de bois sur la rivière Berbice, qui, par leur actif concours, ont rendu d'éminents services pour la formation de cette collection. Nous sommes aussi reconnaissants à M. Manifold, Directeur du chemin de fer de Démérary, pour l'aide qu'il nous a prêté en préparant les spécimens des divers bois. Nous avons à regretter que 30 à 40 des spécimens de bois, envoyés par M. Duggin, ne soient jamais parvenus au comité. La collection d'écorces et d'articles de l'industrie des Indiens, réunie par les soins de M. Mac-Clintock, ayant été achetée par le comité exécutif, figure au Catalogue comme fournie par ce comité.

Notre tâche est donc accomplie. Nous terminerons par le passage suivant de Waterton, quoique son amour de la satire et ses erreurs en fait de taxidermie pratique aient fait naître des doutes non mérités sur le récit de ses aventures : « Lecteur bénévole, dit Waterton, ici te sont présentés les contours d'un riche et surprenant paysage ; tu verras que les parties principales en sont faiblement indiquées, quelques-unes même presque invisibles, et que les ténèbres les enveloppent. Si ton âme partage cette flamme ardente qui fit agir le persévérant Mungo-Park, ces lignes te suffiront ; elles te donneront à penser quelle noble contrée est celle-ci ; et, si tu as enfin le courage d'entreprendre d'en donner au monde une peinture achevée, rien ne te manquera pour l'esquisser, ni les matériaux de l'œuvre, ni les couleurs pour la peindre sous ses véritables nuances. »

NOTE A.

RELEVÉ MENSUEL DES OBSERVATIONS MÉTÉOROLOGIQUES A L'OBSERVATOIRE DE GEORGETOWN, 1853-1854.

Mois.	Température Farenheit (*)	Pression.	Tension de la vapeur.	Proportion de l'humidité	Vent. Direction.	Vent. vitesse	Pluie en déc.	Température. Max.	Température. Min.	Température. Diff.	Evaporation.
1853.											
Janvier.....	79.1	29.905	842	774			6.780	83.9	73.7	10.2	3.253
Février.....	79.6	29.906	813	744			5.420	83.7	74.7	9.0	2.757
Mars........	80.0	29.939	776	692			1.250	84.4	75.4	9.0	3.993
Avril.......	80.5	29.902	812	722			5.510	84.9	75.9	9.0	3.360
Mai.........	79.7	29.917	886	811			15.720	84.6	74.5	10.1	1.967
Juin........	79.2	29.959	877	805			13.220	84.9	73.3	11.6	1.780
Juillet.....	79.0	29.972	873	792			9.820	84.7	73.0	11.7	1.952
Août........	84.1	29.953	857	744			4.950	87.4	73.6	13.8	
Septembre..	79.9	29.964	864	736			6.110	86.3	73.9	12.3	1.564
Octobre....	81.4	29.915	869	740			1.230	87.0	74.8	12.2	2.946
Novembre..	80.4	29.858	872	758			2.390	85.7	74.3	11.4	2.512
Décembre..	79.9	29.926	855	777			4.450	84.5	74.8	9.7	3.073
1854.											
Janvier.....	77.5	29.945	819	815	N.E.E.		15.884	81.6	73.5	8.1	2.660
Février.....	77.8	29.990	800	782	N.E.E.		5.535	81.7	73.1	8.6	3.120
Mars........	79.1	29.970	819	731	E.N.E.		4.682	82.8	75.0	7.8	3.603
Avril.......	79.5	29.964	839	770	E.N.E.		6.584	84.8	74.8	8.6	3.260
Mai.........	79.7	29.941	872	800	E.N.E.		9.238	84.1	74.3	9.6	2.027
Juin........	79.4	29.973	872	814	E.N.E.		10.047	84.1	73.9	10.2	2.253
Juillet.....	78.9	29.971	865	798	E.N.E.		12.137	84.1	73.4	10.7	2.129
Août........	80.3	29.958	879	782	E.N.E.		9.763	85.6	73.8	11.8	2.258
Septembre..	81.3	29.949	889	753	E.N.E.		3.839	86.4	74.9	11.5	2.818
Octobre....	81.5	29.911	852	702	N.E.E.		0.030	87.1	74.3	12.8	3.616
Novembre..	80.7	29.891	866	756	E.N.		3.502	86.2	74.3	11.9	3.022
Décembre..	79.6	29.894	857	810	E.N.E.		13.568	83.5	73.9	9.6	2.366

CHUTE MENSUELLE DE PLUIE A GEORGETOWN-DÉMÉRARY.

	1846.	1847.	1848.	1849.	1850.	1851.	1852.
Janvier.........	2.07	9.29	6.65	5.60	15.17	3.93	6.07
Février.........	0.87	3.23	6.91	7.44	3.86	6.00	8.41
Mars............	2.06	6.15	7.68	12.59	14.60	8.08	8.76
Avril...........	5.93	11.48	7.24	7.55	5.94	16.15	5.28
Mai.............	14.98	12.88	20.28	17.94	15.60	11.25	16.50
Juin............	14.92	14.29	11.15	20.44	7.94	19.83	11.67
Juillet.........	13.28	10.21	5.55	20.38	9.88	8.70	8.83
Août............	8.80	3.82	6.54	10.80	10.41	7.52	10.41
Septembre......	0.61	1.12	6.42	1.16	0.63	2.90	1.18
Octobre.........	5.89	3.29	0.60	3.55	1.87	2.71	0.52
Novembre.......	5.57	7.30	3.49	10.36	5.15	12.07	5.03
Décembre.......	11.23	10.29	18.82	14.40	6.31	3.66	12.18
Totaux......	85.31	93.35	97.63	132.21	97.36	102.84	94.54

(*) Réaumur.

NOTE B.

En 1747, les exportations de Démérary et d'Essequebo se bornèrent à 559 barils de sucre transportés en Europe sur deux schooners.

En 1748 (probablement à cause de l'introduction d'un nombre considérable d'esclaves), les exportations s'élevèrent à 2,292 caisses de sucre (environ 1,325,000 kil.).

En 1752 fut commencée la culture du coton et du café; mais il ne fut exporté *qu'une balle* de coton et *un sac* de café.

En 1761, l'exportation comprenait 878 caisses de sucre (526,800 kil.), 28 balles de coton, et 45 barils de sucre.

En 1764, 130 plantations étaient cultivées sur les bords du Démérary et de l'Essequebo; ces plantations fournissaient le chargement de huit navires avec les produits suivants : sucre, 2,956 caisses et demie (1,922,000 kil.); coton, 2 balles; café, 211 sacs.

En 1773, les exportations furent : 3,775 caisses de sucre (2,265,000 kil.); 8,613 sacs et 181 balles de coton, et 1,001 barils de café.

En 1775 : 4,939 caisses de sucre (2,935,000 kil.); 19,000 sacs et 189 balles de coton; 2,317 barils de café.

En 1796, les forces britanniques prirent possession de la colonie. En 1808, les exportations comprenaient 19,638 caisses de sucre (11,782,000 kil.), outre 313 poinçons et 161 barils du même article; 4,887 poinçons de rhum; 46,435 balles de coton; 9,954,610 livres de café (4,181,000 kil.); et 311 caisses de mélasse.

En 1833, les exportations s'élevèrent à 51,360 caisses, 449 poinçons, et 2,470 barils de sucre (plus de 30 millions de kil.); 15,781 poinçons et 2,568 *hogseads* de rhum; 9,587 balles de coton; 8,084,729 livres de café (3,396,572 kil.); 19,634 hogseads, 230 poinçons et 269 barils de mélasse.

Depuis cette époque, les cultures du café et du coton commencèrent à décliner; celle de la canne à sucre elle-même éprouva une diminution effrayante. En comparant 1829 avec 1849, on trouve pour ces deux années un déficit de 43,086,763 livres de sucre (plus de 18,000,000 de kil.); 9,139,430 livres (3,836,000 kil.) de café, c'est-à-dire la *presque* totalité de la récolte du café. Quant au coton, dont la colonie avait exporté, en 1829, 1,596,171 livres (670,400 kil.), il ne figurait plus parmi les articles d'exportation en 1849!

Depuis trois ou quatre ans, principalement en raison surtout de l'introduction des coolies de l'Inde, l'exportation du sucre s'est un peu relevée quant à la quantité; mais le prix moyen de la cassonade, à Londres, tel qu'il est porté sur la *Gazette de Londres* pour ces mêmes années, montre que les rentrées pour les propriétaires de plantations ne se sont pas accrues dans la même proportion.

```
1851. . . . . . . .  25 schell. 6 d. le quintal, droit non compris.
1852. . . . . . . .  22   —   5     —              —
1853. . . . . . . .  24   —   6     —              —
```

Ces prix reviennent à 31 fr. 85 c., 28 fr. et 30 fr. 80 c. les 100 livres anglaises, soit 75 fr. 50 c., 66 fr. 66 c. et 73 fr. 33 c. les 100 kilogrammes.

En 1846, année où fut adopté le bill de sir R. Peel, frappant le sucre d'un droit élevé, le prix était de 34 schell. 5 d.; il tomba à 28 schell. 3 d. (de 43 f. à 35 f. 30 c.).

NOTE C.

TABLEAU MONTRANT LES SOMMES DÉPENSÉES POUR INTRODUIRE DES TRAVAILLEURS AGRICOLES ÉMIGRANTS DANS LA GUYANE BRITANNIQUE.

1846. . . . . 371,884 piastres 39	1852. . . . . 282,427 piastres 18
1847. . . . . 394,303 — 91	1853. . . . . 310,248 — 96
1848. . . . . 381,691 — 67	1854. . . . . 255,234 — 16
(*) 1849. . . . . 18,658 — 83	Total. . 2,969,841 piastres 66
1850. . . . . 118,653 — 38	Soit. . 14,749,205 francs.
1851. . . . . 136,739 — 18	

(*) L'introduction des travailleurs a subi un temps d'arrêt en 1849.

ÉCHELLE DES INDEMNITÉS ALLOUÉES POUR L'INTRODUCTION DES TRAVAILLEURS A LA GUYANE BRITANNIQUE, SELON LEURS PROVENANCES.

Adultes, par tête.	Adultes, par tête.
Madère . . . . 30 piastres	Ste-Hélène . . . . 25 piastres
Açores et Îles Occidentales 30	Sierra Leone 25
Canaries et Îles du Cap Vert 30	Brésil 25
Curaçao 20	La Havane 30
Marguerite et Col. Esp . . . 20	Etats-Unis et Amér. angl. 30

Il n'y a pas, pour le moment, de tarif d'indemnité déterminé pour les travailleurs importés de l'Inde Orientale et de la Chine. Les conditions auxquelles sont introduits les coolies venant de Calcutta, dépendent d'arrangements particuliers pris avec les commissaires du gouvernement pour l'émigration.

CATALOGUE DE LA GUYANE BRITANNIQUE.

Section A.

Produits de la Canne à sucre et Denrées alimentaires.

1.—SUCRE. Préparé dans l'appareil de concentration, dit *vacuum-pan*. De la plantation *Enmore*; exposé par *Thomas Porter* junior. Pour la fabrication de ce sucre, le jus de canne a été éclairci à la chaux, dans des clarificateurs chauffés par la vapeur; puis, il a été évaporé sur le feu, dans des vases découverts, jusqu'à la densité de 25° de Baumé; après quoi il a été passé à la chausse à filtrer, au filtre de charbon animal, concentré dans le *vacuum-pan*, puis finalement passé au sirop et séché par la machine centrifuge.

2.—Idem. De même provenance que le précédent, préparé par les mêmes procédés.

3.—Idem. De même provenance. Cet échantillon a été fabriqué exactement comme les Nos 1 et 2, avec cette seule différence qu'il n'a point été passé au sirop, et qu'il a été simplement séché dans la machine centrifuge. L'exposant présente, au sujet de ce spécimen de sucre, l'observation suivante : « C'est la qualité ordinaire de sucre que nous embarquons pour l'Angleterre; s'il était moins coloré, il serait soumis à la taxe élevée qui grève le sucre, taxe imposée par le gouvernement Britannique à titre de droit protecteur, établi au profit des raffineurs anglais, dont l'influence est beaucoup plus puissante que celle des colons des Indes Occidentales. »

4.—SUCRE MOSCOUADE. De la plantation *Ma retraite*, de Berbice. Exposé par M. R.-H. Bridges. Préparé avec du jus de cannes non filtré, dans l'appareil de MM. Gadsden et Evans, séché par la machine centrifuge.

5.—Idem. De même provenance. Fabriqué par le même procédé que le précédent, mais coloré conformément à l'échelle des droits sur le marché Britannique.

6.—Idem. Préparé dans le *vacuum-pan*. De la plantation *Providence*, de Berbice. Exposé par W.-F. et E.-T. Henery. Fabriqué sans employer le charbon animal, et *purgé* par l'appareil pneumatique. La nuance de ce sucre est telle, qu'à son entrée en Angleterre, il est frappé d'un droit de 12 schellings (15 francs) par cent, poids de 42 kil.

7.—Idem. De la plantation *Bel air*. Exposé par John Gordon. Ce sucre est extrait de rejetons de cannes de 12 mois de végétation. La quantité de jus, extraite de ces cannes, était de 64 pour cent, à la densité de 1,080. Ce jus a été cuit, clarifié, reposé, d'après la méthode indiquée par feu M. *John Smith*, chimiste agricole de la colonie, L.-L.-D. La perte en jus et en dépôt solide utilisé pour la distillerie, a été de 10 pour cent. Le jus a été ensuite concentré à la densité de 12 40, dans les chaudières d'évaporation communément en usage pour la fabrication du *Sucre Moscouade*, sans passer par le filtre de charbon animal avant d'être concentré et amené à l'état de sucre dans le *vacuumpan*, d'où l'on a retiré, pour chaque gallon de jus, une livre et 1/5 de sucre (504 grammes). Le sucre purgé et lavé dans la machine centrifuge, a donné 62 pour cent de sucre nettoyé.

7. bis—Idem. De même provenance. Fabriqué comme le précédent, mais purgé de manière à être admis à la consommation, en Angleterre, au droit de 12 schellings (15 francs).
(*Pour plus de détails sur les produits de la Canne à sucre dans la colonie, voir la préface.*)

8.—ARROW-ROOT. (*Maranta aruudinacca Lin.*) Fécule de racine d'arrow-root. De la plantation *Rainveld*. Exposé par George Ross.

9.—Idem. De la rivière Démérary. Exposé par C. Curry.

10.—FECULE. Extraite du *Sorosis*, ou fruit de l'arbre à pain (*Artocarpus incisa Lin.*) De la colonie pénale H. M. sur la rivière *Masaruni*. Exposé par H.-E. Cartwright.

11.—Idem. De seconde qualité.

12.—Idem. Extraite de la Mangue (*Mangifera indica Lin.*) De la Loge. Exposé par Miss Mac Farlane; préparée avec le fruit pelé et râpé, avant sa maturité.

13.—CASSAVE DOUCE. (*Janipha Laflingii H. B.*) Tubercules, ou racines de cette plante, coupés en tranches et séchés. De la plantation *Rainveld*. Exposée par George Ross. (*Voir la préface.*)

14.—Idem. Farine ou poudre de tubercules ou racines de cette plante. De même provenance.

15.—CASSAVE AMÈRE. (*Janipha Manihot H. B.*) Pain de tubercules ou racines de cette plante. De la plantation *Houston*. Exposée par H.-T. Garnett. C'est le principal aliment des tribus d'Indiens, répandues sur le territoire de la colonie.

16.—TANNIA JAUNE, ou Hog. (*Caladium* ou *Colocasia*, Sp.) Farine des racines de cette plante. De la rivière Démérary. Exposée par C. Curry.

17.—GRAND BANANIER. (*Musa Sapientum Lin.*) Son fruit vert, coupé par tranches et séché. De la colonie pénale H. M. Sur la rivière Masaruni. Exposé par H.-E. Cartwright. (*Voir la préface.*)

18.—Idem. Fruit mûr, coupé par tranches et séché. De même provenance.

19.—Idem. Fruit mùr, coupé par tranches et séché au soleil. De la plantation Houston. Exposé par H.-T. Garnett.
20.—BANANIER NAIN. (*Musa Paradisiaca Lin.*) Farine de son fruit vert, dite *Conquin-Tay*. De même provenance. (*Voir la préface.*)
21.—Idem. De la colonie pénale H. M. Sur la rivière Masaruni. Exposé par H.-E. Cartwright.
22.—RIZ. (*Oryza Sativa Lin*). Riz non mondé avec sa balle (*Paddy*). De la plantation *de Kinderen*. Exposé par Luckie frères et compagnie.
23.—Idem. De la plantation *de Kinderen*. Exposé par A.-V. Colvin.
24.—Idem. De la plantation *Vive-la-Force*. Exposé par Luckie frères et compagnie.
25.—Idem. De la plantation *Java*. Exposé par Luckie frères et compagnie. La colonie de la Guyane Britannique réunit les conditions les plus favorables à la culture du riz ; il est digne de remarque que d'une seule semaille de cette céréale, on peut en un an obtenir trois récoltes ; après chaque moisson, une nouvelle récolte repousse du collet de la racine, sous forme de nombreux rejetons.
26.—CAFÉ. (*Coeffœa Arabica*.) Fruit ou baies de cet arbuste. De la plantation *Klein Pouderoyen*. Exposé par A.-D. Vander Gon Netscher. (*Voir la préface*)
27.—Idem. Préparé pour la vente. De même provenance.
28.—Idem. Du canal N° 2, de la rivière Démérary. Exposé par Jacob de Florimont.
29.—Idem. Piqué, connu sous le nom de *Café perlé*. De la rivière Démérary. Exposé par J.-G. Lowe.
30.—Idem. Feuilles sèches du caféyer, présentées comme contenant le principe actif du café. De Démérary. Exposées par F. Mistriss Friday Bergen.
31.—CAPSICUMS. Séchés et concassés, connus sous le nom de *Poivre de Cayenne*. De Georgetown. Exposé par T. Tacheira.
32.—CONQUIN TAY. (*Voir N° 20.*) De la rivière Démérary. Exposé par Clarisse Ambrose.
33.—FÉCULE. De tubercules ou racines de cassave amère. (*Voir N° 15.*) De la rivière Berbice. Exposée par T.-B. Duggin (*Voir la préface.*)
34.—OCHRO. (*Hibiscus esculentus Lin.*) Capsules sèches de cette plante. De la rivière Berbice. Exposées par T.-B. Duggin. Les jeunes capsules d'hibiscus (*Gombo*), forment la base d'une soupe très nourrissante et fort estimée à la Guyane Britannique. Ces capsules, coupées et séchées, ont été exportées en Europe, où elles ont été présentées comme pouvant être ajoutées à la liste des bonnes plantes potagères, qu'on peut utiliser en toute saison pour la cuisine. Ces mêmes capsules pourraient aussi servir à préparer la soupe des marins pendant les voyages de long cours, alors que les équipages des navires ont un besoin si urgent de nourriture végétale fraîche, pour les maintenir en santé et les

préserver du scorbut. Les échantillons exposés ne sont pas dans les conditions voulues pour justifier ces observations ; ce sont des capsules qu'on a laissées sur la tige jusqu'à la complète maturité des semences. On prépare de la manière suivante les capsules, dont on se propose de faire l'usage indiqué plus haut. On détache, avant qu'aucune partie de leur tissu ne soit devenue ligueuse, les boutons du haut de la tige, et toutes les capsules qu'on se propose de faire sécher. Elles sont reprises une à une et coupées transversalement, pour en séparer le fond, plus ou moins coriace, considéré comme déchet. En cet état, on les étend sur des canevas ou des nattes, pour les exposer à l'action des rayons solaires. De temps en temps on les retourne jusqu'à leur parfaite dessication, après quoi l'on peut les emballer dans des caisses pour l'exportation. Quand les capsules d'hibiscus semblent trop volumineuses pour qu'elles puissent sécher assez rapidement, on peut les couper par tranches. En les soumettant à une chaleur artificielle modérée, elles sèchent très également. Ce qui précède est extrait des notes inédites de feu le docteur Shier.

35. — MAIS ou BLÉ D'INDE. (*Zea maïs*, *Lin*.) De Démérary. Exposé par J. G. Lowe. Le maïs, cultivé à la Guyane Britannique, obtient des prix plus avantageux que le maïs des États-Unis d'Amérique, pays qui expédie en Europe la plus grande partie du maïs importé du dehors.

36. — BLÉ DE GUINÉE. (*Sorghum vulgare*, *Pers*.) De l'Asyle des Orfelins, école industrielle de Georgetown. Exposé par W. Arrindell. Cette précieuse céréale donne dans cette colonie du grain qui pèse 68 livres 1|2 par bushel (23 kil. 1|2 les 35 livres, soit 84 kil. 1|2 l'hectolitre).

37. — CACAO. (*Theobroma cacao*, *Lin*.) De la plantation de *Klein Pouderoyen*. Exposé par A. D. Vander Gon Netscher. Le cacaotier, ou cacoyer, n'a jamais été cultivé en grand dans cette colonie, quoique le sol et le climat lui conviennent parfaitement.

38. — OCHRO. (*Gombo*.) Capsules sèches et graines. De la plantation de *Klein Pouderoyen*. Exposées par A. D. Vander Gon Netscher.

39. — CASSAREEP, suc épaissi de la cassave amère. (*Voir* N° 15.) De la rivière Berbice. Exposé par T. B. Duggin. Le cassareep est très usité comme élément essentiel des sauces ; on en emploie beaucoup à la Guyane Britannique pour préparer l'assaisonnement nommé *pepper-pot*, et pour plusieurs usages culinaires. Dans son rapport sur les plantes de la Guyane qui donnent de la fécule, le docteur Shier s'exprime en ces termes au sujet du *cassareep*, page 12 : « Pour l'instruction de ceux qui n'ont jamais visité les pays situés sous les tropiques, il n'est pas hors de propos de noter ici que le *cassareep* est le suc épaissi de la cassave amère, base de ce qu'on nomme aux Indes Occidentales le *pepper-pot*. L'une

de ses propriétés les plus remarquables, c'est celle que le cassareep possède comme anti-septique ; tout mets cuit avec cet assaisonnement se conserve plus longtemps sans se corrompre que s'il était préparé de toute autre manière. Le cassareep était dans l'origine un assaisonnement indien, souvent décrit avec plus ou moins d'exactitude. On sait que plusieurs planteurs hollandais de la colonie ont pu, en ajoutant de temps en temps un peu de cassareep à différents aliments de nature animale, se servir journellement du même *pepper-pot* pendant plusieurs années. »

40.—Idem. De Pomeroon. Exposé par J. T. GILBERT.
41.—POIVRE NOIR. (*Piper nigrum*, *Lin.*) De la rivière Berbice. Exposé par T. B. DUGGIN.—Un seul pied de poivrier a donné à l'exposant, en une seule saison, 10 livres de poivre sec (4 kil. 200 gr.).
41.—CAPSICUMS ou POIVRES. (*Capsicum annuum, frutescens boccatum*, etc.) De la plantation *Killy*. Exposés par John Kennedy. Conservés dans l'acide acétique étendu d'eau.
42, 43, 44, 45, 46, 47 ; mêmes produits de même provenance.
48.—CAPSICUMS. Connus dans la colonie sous le nom de *poivre buckramanni*. De Georgetown. Exposés par miss H. Ross. Ces capsicums (piments) sont les plus piquants et les plus aromatiques de toute leur tribu. Quand on en a ôté les graines qui sont sans saveur, ils constituent la plus fine et la plus piquante variété de *poivre de Cayenne*.
49.—GELATINE. Provenant de *Gilbacker* ou *Gilbagre* (*Silurus Parkerü.*) De Berbice. Exposé par A. L. MUIRHEAD. Le poisson qui donne cette excellente gélatine est très abondant près des embouchures des rivières de la colonie.
50.—TOMATE ou POMME D'AMOUR. (*Lycopersicum esculentum. Mill.*) Purée de ce fruit. De l'Asyle des Orfelins, école d'industrie de Georgetown. Exposée par MISTRISS ARRINDELL. Cet assaisonnement, s'il était du goût des consommateurs européens, pourrait être produit à l'Orfelinat de Georgetown en quantités très considérables.
51.—RHUM. Sans couleur ; à 44 pour cent, sur preuve. De la plantation *Succès*. Exposé par Cavan frère et compagnie.
52.—Idem. Coloré. 40 pour cent, sur preuve. De même provenance.
53.—Idem. 33 pour cent, sur preuve ; même provenance.
54.—Idem. Sans couleur ; 50 pour cent, sur preuve. De la plantation *Providence*. Exposé par W. P. et E. T. Hénery.
55.—Idem. Coloré ; 42 pour cent, sur preuve ; même provenance. Ce rhum a été préparé en injectant de la vapeur dans le liquide à distiller, contenu dans une cuve de bois ; il a été rectifié dans l'appareil de LEISHMAN et WELCH.
56.—Idem. Sans couleur. De la plantation *Vive-la-Force*. Exposé par LUCKIE FRÈRES et compagnie.
57.—Idem. Coloré, de même provenance.
58.—Idem. 35 pour cent, sur preuve. De la plantation *Ma Retraite*, Berbice. Exposé par R. H. BRIDGES.

59.—Idem. Sans couleur. 50 pour cent, sur preuve, à la température de 85° de Farenheit. De la plantation *Bath*, de Berbice. Exposé par Alexandre Winter. Cet échantillon a été distillé par la chaleur de la vapeur.
60.—Idem. Coloré, 44. 7 pour cent, sur preuve, à la température de 85° de Farenheit. De même provenance.
61.—Idem. Connu sous le nom de *high-wines*. De la plantation *Vive-la-Force*. Exposé par Luckie frères et compagnie. (*Voir la préface.*)
62.—ARRACK. Obtenu du riz récolté dans la colonie. De la plantation *Vive-la-Force*. Exposé par Luckie frères et compagnie.
63.—Idem. 36 pour cent, sur preuve. De la plantation *Vive-la-Force*. Exposé par J. W. Lucas.
64.—RHUM. De la plantation *Hambourg*. Exposé par G. P. Watson.
65.—FECULES. Collection de fécules de Georgetown. Exposés par *David Shier*. Cette collection a été préparée pour les observations microscopiques; elles sont toutes produites par des plantes cultivées plus ou moins en grand dans la colonie, savoir :
    1. Cassave douce (*Janipha Loeflingii, H. B.*)
    2. Cassave amère. (*Janipha maniot, H. B.*)
    3. Patate douce. (*Batatas edulis, Chois.*)
    4. Igname Buck (*Dioscorea triphylla, Lin.*)
    5. Igname commune. (*Dioscorea sativa.*)
    6. Igname de Guinée. (*Dioscorea Sp.*)
    7. Tannia. (*Caladium* ou *Colocasia, Sp.*)
    8. Petite banane (*Musa parasidiaca, Lin.*) *Fruits verts.*

Section B.

1.—TIGE DE BANANIER NAIN (*Musa parasidiaca, Lin.*) qui donne une fibre textile. De la plantation *Rainveld*. Exposée par George Ross. Le tronc du bananier nain est fort recherché pour la tonnellerie.
2.—FIBRE DE BANANIER NAIN. De la plantation *Rainveld*. Exposée par George Ross. Préparée avec acier sur bois. Ce spécimen, à l'exposition de Georgetown, a obtenu le 1er prix.
3.—Idem. De même provenance. Préparée avec fer sur bois.
4.—Idem. Idem. Préparée avec fer sur fer.
5.—Idem. Idem. La tige de bananier a été rouie dans l'eau pendant trois semaines ; puis sa fibre a été préparée avec acier sur bois.
6.—FIL DE FIBRE DE BANANIER NAIN. De la plantation *Rainveld*. Exposée par George Ross.
7.—CORDE DE FIBRE DE BANANIER NAIN. De même provenance. Ce spécimen, à l'exposition de Georgetown, a reçu le 1er prix.
8.—FIBRE DE BANANIER NAIN De Daniel's Town, Essequebo. Exposée par Mark Goddard. Ce spécimen, à l'exposition de Georgetown, a obtenu le 2me prix.

9.—Idem. Idem. Exposée par Philip Julian.
10.—Idem. Idem. De la colonie pénale H. M., sur la rivière *Masaruni*. Exposée par H. E. Cartwright.
11.—Idem. Idem. De même provenance.
12.—Idem. Idem. De la plantation *Belfield*. Exposée par John Allt. Préparée en fendant la tige en plusieurs morceaux, et râclant les morceaux avec un couteau à lame émoussée.
13.—Idem. Idem. De la plantation *Blairmount*, Berbice. Exposée par Edward Dillon.
14.—Idem. Idem. De même provenance. Portion de tige non préparée.
15.—Idem. Idem. De la plantation *Blairmount*. Exposée par W. O'Donoghune. Spécimen préparé avec la machine de MM^{rs} Burke et Burns, Monserrat, en une seule opération.
16.—Idem. Idem. De la plantation Klein Pouderoyen. Exposée par A. D. Vander Gon Netscher.
17.—Idem. Idem. Fibre de régime de bananier nain. De Georgetown. Exposée par John Pearce.
18.—CORDE DE FIBRE DE BANANIER NAIN. De même provenance. La fibre a été extraite de la tige de régime, puis filée à la main.
19.—TIGE DE BANANIER NAIN FAÇONNÉE en corde, sans préparation préalable. De la rivière *Pomeroon*. Exposée par W.-H. Campbell. Ce spécimen a obtenu un prix à l'Exposition de Georgetown.
20.—FIBRE DE GRAND BANANIER. (*Musa Sapientum, Lin.*) Corde de fibre de la tige du régime. De Georgetown. Exposée par John Pearce.
21.—FIBRE D'UN AUTRE BANANIER NAIN. De la plantation de *Blairmount*, Berbice. Exposée par Edward Dillon.
22.—FEUILLES SECHES DE BANANIER TEXTILE. (*Musa textilis Nee.*) De Georgetown. Exposée par David Shier. C'est cette espèce qui donne la fibre bien connue sous le nom de *Chanvre de Manille*; la plante qui a fourni ce spécimen a été rapportée de Sincapore par l'exposant.
(*Pour plus de détails sur les produits du Bananier nain et du grand Bananier, voir la préface.*)
23.—FIBRE DE L'HERBE A LA SOIE OU CORAWA. (*Espèce de Bromelia.*) De la rivière Pomeroon. Exposée par le comité exécutif de la Guyane. Cette fibre est très forte; les Indiens en font les cordes de leurs arcs, des filets, des lignes, des cordages.
24.—Idem. De la rivière Démérary. Exposée par George Couchman. Ce spécimen a obtenu un prix à l'Exposition de Georgetown.
25.—Idem. De la rivière Berbice. Exposée par T.-B. Duggin. Désignée par l'exposant comme provenant de l'*Ananas Peati*.
26.—Idem. De Georgetown. Exposée par A. Van Harencarspel.
27.—Idem. Corde faite de cette fibre. De la rivière Pomeroon. Exposée par le comité exécutif de la Guyane.

— 8 —

28.—Idem. Câble fait de cette fibre. De la rivière Pomeroon. Exposée par W.-H. Campbell. Ce spécimen a obtenu un prix à l'Exposition de Georgetown.
29.—Idem. De même provenance.
30.—Idem. Cordes de hamac faites de cette fibre. De même provenance. Ce spécimen a également obtenu un prix à l'Exposition de Georgetown.
31.—Idem. Exposée par le comité exécutif de la Guyane.
32.— De la rivière Démérary. Exposée par George Couchman.
33.— Cordes faites de cette fibre. De la rivière Berbice. Exposée par T.-B. Duggin.
34.—FIBRE D'ALOÈS. (*Agave vivipara, Lin*.) De la plantation *Klein-Pouderoyen*.) Exposée par A.-D. Vander Gon Netscher.
35.—OCHRO SAUVAGE OU JUMBY. (*Vrena*, Sp.) De la plantation *Foulis*, Berbice. Exposé par John Chisholm.
36 —MAHOE OU MOHOE. (*Thespesia populnea, Correa ou Hibiscus clatus, Lin*.) Fibre non préparée de cette plante. Exposée par Fiffy Benjamin. Ce spécimen a obtenu un prix à l'Exposition de Georgetown.
37.—Idem. Exposée par Cornelius Curry.
38.—Idem. Fibre préparée. De la plantation Beterverwating. Exposée par Joseph Boatswain. Ce spécimen a obtenu un prix à l'Exposition de Georgetown.
39.—Idem. De la rivière Démérary. Exposée par Charles Rattray. Cette fibre est dans l'état où elle a été extraite de la tige, après avoir été rouie pendant deux semaines. On n'a pas essayé de séparer les fibres longues des plus courtes. Quand la plante a été récoltée, ses graines étaient complètement mûres. A l'Exposition de Georgetown, ce spécimen a obtenu le premier prix.
40.—Idem. De même provenance.
41.— Etoupe de la même fibre. De même provenance.
42.—Idem. De même provenance. Produite par des plantes non encore parvenues à maturité.
43.—Idem. Corde de la même fibre non préparée. De la rivière Pomeroon. Exposée par W.-H. Campbell.
44.—Idem. De la rivière Pomeroon. Exposée par le comité exécutif de la Guyane.
45.—Idem. De même provenance.
La fibre de *Mahoe* est très forte; on l'emploie pour fabriquer des cordages, des balles à café, etc.
46.—PALMIER ITA. (*Mauritia Flexuosa, Lin*.) Jeunes feuilles de ce palmier. De la rivière Berbice. Exposées par T.-B. Duggin.
47.—Idem. Fibre de ces jeunes feuilles, nommée *Tibisiri*. De même provenance. Les Indiens en fabriquent des hamacs, des cordages, etc.
48.—Idem. De la rivière Pomeroon. Exposée par le comité exécutif de la Guyane.
49.—Idem. Exposée par A. Van Harencarpsel. De Georgetown.

50.—Idem. Corde de fibre du même palmier. De la rivière Berbice. Exposée par T.-B. Duggin.
51.—ARBRE OOHU. Corde d'écorce de cet arbre. De la rivière Pomeroon. Exposée par le comité exécutif de la Guyane.
52.—ARBRE SIMACUNA. Corde d'écorce de cet arbre. De même provenance.
53.—KIUWA. Corde de l'écorce de cette plante. De même provenance.
54.—PALMIER CUCURIT OU KOQUERIT. (*Maximiliana regia, Mart.*) Corde des fibres du spathe de ce palmier. De même provenance. Ce beau palmier, très nombreux dans toutes les parties de la Guyane, croît aussi bien dans les basses terres que dans les terres élevées. Les Indiens Accawaï emploient, pour remplacer le sel de cuisine, un sel qu'ils obtiennent des cendres de la côte centrale des feuilles de ce palmier.
55.—NIBBIE ; Liane. De même provenance. C'est avec les cordes faites de cette liane qu'on assujettit les feuilles du palmier *Troolie* (*Manicaria Saccifera Gœrtn*), employées à couvrir les toits.
56.—Idem. Corde faite de cette liane. De même provenance.
57.—Idem. De même provenance.
58.—COTON, (*Gossypium arboreum, Lin.*), dans ses capsules. De la plantation *Klein Pouderoyen*. Exposé par A.-D. Vander Gon Netscher.
59.—Idem. En partie brut, en partie nettoyé. De Georgetown. Exposé par Charles Benjamin.
60.—COTON LONGUE SOIE. De la rivière Pomeroon. Exposé par le comité exécutif de la Guyane ; obtenu des capsules à graines de l'*arbre au coton de soie*. (*Bombax Ceiba. Lin.*) Les Indiens nomment cet arbre *comaca*.

Section C.

1.—HUILE-CRAB. De la rivière Berbice. Exposée par T.-B. Duggin. Cette huile s'extrait des semences de l'arbre dont le bois est désigné sous le nom de *Crabwood*. (*Hylocarpus Carapa, Spr. Carapa Guyanensis, Aubl.*) Dans la colonie, on emploie cette huile en qualité d'huile à brûler ; elle est fort estimée pour l'entretien de la chevelure. (*Voir Section D, n° 9.*)
2.—Idem. Exposée par R.-J. Knowless, de Georgetown.
3.—Idem. Exposée par F.-H.-F. Stewart, de Georgetown.
4.—HUILE DE NOIX DE COCO. Exposée par R.-J. Knowless, de Georgetown. Provenant du fruit du *Cocos nucifera, Lin.*
5.—HUILE DE LAURIER. Du même exposant. Cette huile, qu'on suppose obtenue de l'*Oreodaphne opifera, Nees*, est d'un très fréquent usage chez les naturels qui l'emploient contre les douleurs des articulations. Elle dissout admirablement le caoutchouc.

6.—Idem. Exposée par F.-H.-F. Stewart, de Georgetown.
7.—BAUME COPAIBA (*Copahu*). De la rivière Berbice. Exposé par T.-B. Duggin. Ce spécimen a été fourni par les Indiens *Macusi*. On attribue la production de ce baume à plusieurs arbres de la colonie ; ces arbres ne sont pas botaniquement déterminés.
8.—MIEL. Exposé par F.-H.-F. Stewart, de Georgetown. Ce miel est recueilli par une petite abeille sauvage qui est inoffensive et se réduit facilement en domesticité. Son miel est déposé en petits rayons isolés, enfermés dans une espèce de bourse ; on retire le miel une fois par mois en pratiquant à ces bourses une piqûre par laquelle le miel s'écoule, après quoi les abeilles s'empressent de boucher l'ouverture.
9.—VINAIGRE DE BANANES MURES. (*Musa Sapientum, Lin.*) De Berbice. Exposé par T.-B. Duggin. Ce vinaigre est préparé par un procédé excessivement simple. Le fruit complétement mûr est placé dans des paniers suspendus à l'intérieur d'un tonneau défoncé. Les bananes se liquéfient ; leur jus coule dans le tonneau ; il fermente et ne tarde pas à devenir du vinaigre. On n'y ajoute pas d'eau.
10.—BIRAMBI. Fruit du buisson qui porte ce nom. (*Averrhoa Bilimbi, Lin.*) De même provenance. On prépare avec ce fruit une excellente compote et une délicieuse confiture.
11.—LAIT DU HYA-HYA, *arbre au lait, arbre à la vache* (*Tabernœmontana utilis, Arn.*) De la rivière Berbice. Exposé par George Dennis. Ce lait, que quelques auteurs ont décrit comme épais, doux et nourrissant, contient du caoutchouc. (*Voir Section D, n° 72.*)
12.—LAIT DE L'ARBRE DUCALI. De la rivière Berbice. Exposé par T.-B. Duggin. Ce lait passe pour un spécifique contre la maladie nommée *Yaws*. Comme le précédent, il contient du caoutchouc. (*Voir Section D, n° 30.*)
13.—SUC DE CURUWATTI. De la crique Canje, Berbice. Exposé par George Dennis. Employé comme vernis.
14.—GOMME DE WALLABA. (*Eperna falcata, Aubl.*) De la rivière Berbice. Exposée par T.-B. Duggin. Cette gomme résine passe pour un remède efficace en cas de coupure récente et de blessure. (*Voir Section D, n° 4.*)
15.—POISON WOURALI OU OURARI. De la rivière Pomeroon. Exposé par le comité exécutif de la Guyane. Sir R. Schomburgk affirme que la base de ce poison célèbre provient du *Strychnos toxifera, Schomb.*
16.—Idem. De même provenance.
17—POISON OOROOBO. De la rivière Démérary. Exposé par Georges Couchman. Ce poison, beaucoup plus puissant que le Wourali, agit d'une manière entièrement différente. On dit que pendant leurs fêtes et leurs danses, les Indiens se servent de ce poison pour venger les meurtres commis ; ce poison insufflé simplement, suffit pour donner la mort. L'exposant dit que la plante qui fournit ce poison ressem-

ble au *Tannia* (*Caladium*, ou *Colocasia, Sp.*), produisant une principale feuille centrale.

18.—GOMME-RÉSINE DU SIMORI ou arbre Locuste (*Hymenœa Courbaril, Lin.*) De la rivière Pomeroon. Exposé par le comité exécutif de la Guyane. Cette gomme s'obtient en creusant dans le voisinage des racines de l'arbre, d'où elle exsude dans une direction verticale, sous formes de colonnes ou pièces qui ont jusqu'à un pied de long (0^m 30). On peut aussi s'en procurer en retranchant la tête de l'arbre ; en peu de jours, il s'y forme une grande plaque solide de cette gomme. On pense que c'est la *Gomme Animé* du commerce ; dans la colonie, on s'en sert comme de la Gomme Copal. On peut s'en procurer de grandes quantités dans différents cantons de la colonie. (*Voir Section D, n° 14.*)

19.—Idem. De même provenance.

20.—Idem. De la rivière Berbice. Exposée par T. B. DUGGIN.

21.—GOMME OU RÉSINE DE CONIMA, ou *Hyawa*, arbre à l'encens. (*Icica heptaphylla Aubl.*) De même provenance. Cette gomme est très odorante. On la suppose propre à faire des pastilles à brûler comme parfum, etc.

22.—Idem. De la rivière Pomeroon. Exposée par le comité exécutif de la Guyane.

23.—GOMME dite KARMAN ou CIRE-BUCK, provenant de l'arbre mani. (*Amyris* ou *Icica, Sp.*) De même provenance. On dit que c'est le suc épaissi de l'arbre mani, qu'on nomme aussi maniballi et arbre à chandelle (cirier). Les Indiens se servent de cette gomme pour conserver leurs filets et leurs cordages, et pour tous les usages auxquels nous employons le goudron. (*Voir Section D, N° 82.*)

24.—GOMME DE L'ARBRE KURAKAI OU CURAKI. De la rivière Pomeroon. Exposée par le comité exécutif de la Guyane. Les Indiens Caribi (Caraïbes) mêlent cette gomme avec l'arnatto pour se peindre le visage. (*Voir N° 92, et Section D, N° 31.*)

25.—Idem. De la rivière Berbice. Exposée par T. B. DUGGIN.

26.—CIRE D'ABEILLES dite PEMTICA. De même provenance.

27.—GOMME dite KARMAN ou CIRE-BUCK. De même provenance. (*Voir N° 23.*)

28.—GOMME DE L'ARBRE BARAMALLI. De même provenance.

29.—COULEUR ARNATTO OU ROUCOU. Exposée par R. J. Knowles, de Georgetown. Extraite de la pulpe ou de la pellicule qui entoure les semences du *Bixa, Orellana, Lin.*

30.—TURMERIE. (*Curcuma longa, Lin.*) Racines de cette plante. De la rivière Berbice. Exposées par T. B. DUGGIN. Le curcuma récolté dans la colonie est supérieur en qualité à celui des autres provenances.

31.—GOMME OU RÉSINE DE CONIMA, de l'arbre hyawa. De la rivière Berbice. Exposée par T. B. DUGGIN. (*Voir N° 21.*)

32.—GREENHEART, ARBRE SIPIRI OU BIBIRU. (*Nectandra, Rou-*

dini, *Schomb.*) Graines de cet arbre. Exposées par R. J. Knowles, de Georgetown. Employées comme médicament tonique et fébrifuge. En temps de disette, les Indiens écrasent ces graines; ils les mêlent avec du bois pourri de wallaba (*Eperua falcata, Aubl.*) et s'en servent comme aliment. (*Voir Section D, N° 101.*)

33.—Idem. Exposées par le comité exécutif de la Guyane.

34.—ECORCE DE GREENHEART. Exposée par R. J. Knowles, de Georgetown. Cette écorce, ainsi que les graines du même arbre, contient la substance alcaline fébrifuge nommée bibirine.

35.—BIBIRINE (sulfate de). Du même exposant. Ce médicament, actuellement bien connu, est employé comme anti-périodique et fébrifuge; on l'extrait de l'écorce et des graines du bibiru ou greenheart. (*Voir Section D, N° 101.*) La bibirine a été découverte par feu le docteur Hugues Rodie, vers 1814.

36.—HUILE DE CASTOR. (*Ricinus communis, Lin.*) Semences qui donnent cette huile (Ricin ou Palma Christi). Du même exposant.

37.—POIVRE DE GUINÉE OU GRAINS DE PARADIS. (*Amomum Melegueto Roxb.*) Du même exposant. Supérieur à celui qu'on importe d'Afrique.

38.—NOIX PHYSIQUES OU NOIX MÉDICINALES. (*Jatropha Curcas, Lin.*) Du même exposant. Ces semences possèdent des propriétés émétiques et purgatives; elles sont fort usitées dans la médecine domestique des Nègres.

39.—COWITCH. (*Mucuna pruriens Dec.*) Siliques de cette plante. De la rivière Berbice. Exposées par T. B. DUGGIN. Médicament vermifuge bien connu.

40.—RACINE D'OEILLET. (*Spigelia authelmintica, Lin.*) Exposée par JOSEPH KETLEY, de Georgetown. Les feuilles et les tiges fraîches de cette espèce sont trouvées douées de propriétés supérieures à celles de la *spigelia marylandica, Lin.*; leur action, comme vermifuge, est plus énergique et plus sûre. On fait bouillir de 8 à 20 feuilles suivant leur grandeur, dans 210 grammes d'eau réduite à 100 grammes; on a soin de les bien laver pour qu'il n'y reste pas de graines de la plante, ces graines étant regardées comme un poison. On administre à un enfant tourmenté des vers, une cuillerée à soupe de cette décoction, jusqu'à ce que tout soit pris, ou jusqu'à ce qu'il commence à loucher. Au bout de quelques heures, on ajoute à ce traitement une dose purgative d'huile de ricin, et les lombrics sont expulsés en quantité souvent énorme.

41.—CITRONNELLE. (*Andropogon Schœnanthus, Lin.*) De la plantation *Rainveld*. Exposée par George Ross. A la colonie, on emploie l'infusion chaude de cette plante parfumée, comme un sudorifique agréable dans les cas de petite fièvre (*Febricula*).

42.—TABAC. (*Nicotiana Tabacum.*) En feuilles. De Démérary. Exposé par A. V. Colvin.
43.—GRAINES DE TABAC. De même provenance.
44.—TABAC PRÉPARÉ. De la rivière Barima. Exposé par le comité exécutif de la Guyane. Ce spécimen provient de tabac cultivé et préparé par les Indiens Warrau, sur les collines voisines de la rivière Barima.
45.—RÉGLISSE D'AMERIQUE. (*Abras præcatorius, Lin.*) Sarment et feuilles de cette plante. De la plantation Rainveld. Exposé par George Ross. La décoction de cette plante passe pour guérir l'*influenza*.
46.—FEUILLES ET TIGES DE LA PLANTE NOMMÉE TOYO. De même provenance. L'infusion et le sirop de cette plante par fumée sont fortement recommandés pour combattre les affections chroniques.
47.—TIGE DE LA PLANTE NOMMÉE A LA GUYANE HOEIARI. Exposée par George Dennis, de Georgetown. Cette liane abonde dans l'intérieur de la colonie; elle est le remède favori des Indiens contre les affections de poitrine. Elle est extrêmement aromatique et constitue un excellent ingrédient pour la préparation des liqueurs stomachiques amères.
48.—Idem. De la rivière Pomeroon. Exposée par le comité exécutif de la Guyane.
49.—ECORCE DE SIMAROUBA (*Simaruba officinalis, Dec. Simaruba amara, Aublet.*) Exposée par R. J. Knowles, de Georgetown. Anti-dyssenterique. (*Voir Section D, N° 18.*)
50.—Idem. Exposée par Mistriss Hayley, de Georgetown. (*Voir Section D, N° 18.*)
51.—ECORCE DE VIGNE DE MER. (*Coccoloba uvifera, Lin.*) Exposée par R. J. Knowles, de Georgetown. « Les feuilles, le » bois et l'écorce de cette plante sont excessivement » astringents; la décoction évaporée constitue le *kino* » de la Jamaïque. » (*Lindley, Flore médicale.*)
52.—QUASSIA OU BOIS AMER. (*Quassia amara, Lin.*) De Berbice. Exposé par T. B. Duggin. Ce spécimen est différent du bois de quassia des droguistes. A la colonie, où il est très abondant, on l'emploie fréquemment et avec succès, comme tonique et fébrifuge.
53.—CITRATE DE CHAUX. Exposé par R. J. Knowles, de Georgetown.
54.—ACIDE CITRIQUE. Du même exposant. Ce produit et le précédent sont extraits du fruit du *citrus lima, Macfad.* On en peut préparer de grandes quantités; le *citrus lima* (citronnier-limettier) croit partout spontanément sur le territoire de la colonie, et sa fructification est très abondante.
55.—WANGALA. (*Sesamum orientale, Lin.*) Graines de cette plante. De la rivière Berbice. Exposées par T. B. Duggin. Ces graines, préparées et broyées, forment un excellent po-

tage. On en retire aussi, par expression, une huile douce égale à la meilleure huile d'olives. Les feuilles de la plante broyées et légèrement infusées dans l'eau, forment une boisson mucilagineuse usitée comme remède familier contre la dyssenterie. Cette plante est fort commune à la Guyane Britannique.

56.—ECORCE DE SIMAROUBA. De la rivière Démérary. Exposée par R. Rodie. (*Voir N° 49.*)

57.—Idem. De la rivière Pomeroon. Exposée par le comité exécutif de la Guyane Britannique.

58.—UBUDI OU ECORCE SAUVAGE DE CASHEW. De même provenance. Puissant astringent. On lui attribue des effets merveilleux pour la guérison des ulcères, sur lesquels on en applique la décoction chaude. L'arbre ne porte fruit qu'une fois en 4 ou 5 ans, et rarement les Indiens abattent un de ces arbres. Le fruit ressemble tout-à-fait au *cashew* cultivé; il est seulement plus petit, tantôt jaune pâle, tantôt d'un brun puce, d'une saveur acide agréable.

59.—ECORCE DE COWECHI OU QUEICHE. De même provenance. Passe pour un remède efficace contre la dyssenterie. L'écorce intérieure est râclée et mêlée à de l'eau froide jusqu'à ce que celle-ci devienne tout-à-fait mucilagineuse. On en doit prendre une petite tasse trois fois par jour.

60.—ECORCE CRETTI OU ECORCE SILVERBALLI BATARDE. De même provenance. Estimée des Indiens comme remède contre les crampes d'estomac. La dose est d'une tasse de décoction de son écorce intérieure.

61.—ECORCE SAROCBADANI. De même provenance. La décoction de cette écorce passe pour un excellent remède pour la guérison des ulcères. (*Voir Section D, N° 28.*)

62.—ECORCE DARENA. De même provenance. La décoction de cette écorce est employée comme vomitif.

63.—ECORCE DE HYA-HYA, ARBRE AU LAIT OU ARBRE-VACHE. (*Tabernœmontana utilis*, Art.) De même provenance. La décoction de cette écorce est employée en lotion contre la maladie *carabisi*, ulcération maligne du rectum, affection particulière aux Indiens. (*Voir N° 11.*)

64.—ÉCORCE DE TURANIRA OU TOWRANEROO, OU DE L'ARBRE BULLY BATARD. De même provenance. Employée comme le N° 63. La décoction chaude passe pour un puissant diaphorétique. (*Voir Section D, N° 37.*)

65.—ECORCE CABACALLI. De même provenance. Sa décoction passe pour excellente dans le traitement des ulcères. (*Voir Section D N° 11.*)

66.—ECORCE HIARIBALLI. De même provenance. Mêmes usages que le N° 65.

67.—ECORCE JTURISSI OU JTUREWICI. De même provenance. Sa décoction passe pour un vomitif énergique.

68.—ECORCE HURUWASSA OU ECORCE DE BOIS DE SAVON. (*Sapindum Saponaria Lin.*) De même provenance. Mêmes usages que le N° 67. Les Indiens emploient l'écorce et la racine en guise de savon.

69.—CARAPA OU ECORCE DE CRABWOOD. (*Hylocarpus Carapa, Spr. Carapa Guyanensis Aubl.*) De la rivière Démérary. Exposée par R. Rodie. Ecorce tannante. (*Voir Section D, N° 9.*)

70.—ECORCE DE HOG-PLUM. (*Spodias lutea, Lin.*) De la plantation Rainveld. Exposée par George Ross. Usitée pour la tannerie, et aussi comme médicament astringent.

71.—ECORCE DE MANGROVE. (*Rhizophora Mangle, Lin.*) De la rivière Démérary. Exposée par Rodie. Cet arbre donne une teinture de couleur chocolat; c'est une des teintures introduites par le docteur BANCROFT, pour l'usage exclusif desquelles il a obtenu un acte du Parlement.

72.—ECORCE DE MORA. (*Mora excelsa*, Benth.) De même provenance. Employée pour la tannerie. L'efficacité de cette écorce, appliquée en décoction *chaude* sur les ulcères, passe pour étonnante. Les graines du mora contiennent de la fécule; en temps de disette, les Indiens s'en nourrissent. (*Voir Section D, N° 12.*)

73.—ECORCE DE BAROMALLI OU DE BOIS-POMPE. De la rivière Berbice. Exposée par T.-B. DUGGIN. Ecorce tannante.

74.—Idem. De la rivière Pomeroon. Exposée par le comité exécutif de la Guyane Britannique. Ecorce tannante.

75.—ECORCE MARSIBALLI OU ACOURIBROED. De même provenance. Peut servir à la tannerie. (*Voir Section D, N° 22.*)

76.—ECORCE KAKARALLI. (*Lecythis olaria, Lin.*) Variété noire. De même provenance. Peut servir à la tannerie. (*Voir Section D, N° 26.*)

77.—Idem. Variété rouge. De même provenance. Peut servir à la tannerie.

78.—Idem. Variété blanche. De même provenance. Peut servir à la tannerie.

79.—ECORCE BLANCHE DE SILVERBALLI SIRUABALLI. (*Nectandra ou Oréodaphne, sp.*) De même provenance. Peut servir à la tannerie. (*Voir Section D, N° 8 et 77.*)

80.—ECORCE HAIAWABALLI OU HYAWABALLI. De même provenance. Peut servir à la tannerie. (*Voir Secction D, N° 104.*)

81.—ECORCE KULABALLI. De même provenance. Peut servir à la tannerie.

82.—ECORCE DE MORA ROUGE. De même provenance. Peut servir à la tannerie.

83.—ECORCE HURAHEE. De même provenance. Peut servir à la tannerie.

84.—ECORCE CURAHURI OU KURUHURU. De même provenance. Peut servir à la tannerie. La décoction chaude est usitée pour le pansement des ulcères; c'est aussi un médicament émétique. (*Voir Section D, N° 42.*)

85.—ECORCE ARUMATA. De même provenance. Peut servir à la tannerie. (*Voir Section D, N° 51.*)
86.—ECORCE KIRIBALLI OU KURABALLI. De même provenance. Peut servir à la tannerie. La décoction chaude s'applique sur les ulcères.
87.—ECORCE ARRARA OU TRYSSIL, OU TRYSLE De même provenance. Peut servir à la tannerie. Les Indiens s'en servent aussi comme d'un médicament émétique, et comme d'un poison, pour la pêche.
88.—ECORCE WALLABA. (*Eperua falcata, Aubl.*) Ecorce tannante. La résine qui en exsude est employée pour panser les coupures et blessures récentes. (*Voir Section D, N° 4.*)
89.—ECORCE KONABALLI. De même provenance. Peut servir à la tannerie.
90.—ECORCE CUYAMA. De même provenance. Peut servir à la tannerie.
91.—ECORCE DUCA. De même provenance. Ses propriétés n'ont pas été étudiées.
92.—ECORCE KURAKAI OU CURAKI. De même provenance. (*Voir N° 24 et Section D, N° 31.*)
93.—ECORCE MAHOE, MOHOE OU YAHO. *Thespesia populnea, Cor.*, ou *Hibiscus elatus, Sw.*) De même provenance. Cette écorce donne la fibre textile Mahoe mentionnée Section B, N° 36.
94.—ECORCE PACURI. De même provenance. Employée en lotion contre la maladie *Carabisi*. (*Voir N° 63.*)
95.—ECORCE SILVERBALLI NOIRE. De même provenance. Ses propriétés n'ont pas été étudiées.
96.—ECORCE FUTA OU DE PUMP-WOOD. De même provenance. Ses propriétés n'ont pas été étudiées.
97.—ECORCE URALI OU DE BOIS DE SANG. De même provenance. On dit que les Indiens se servent du suc des jeunes rameaux de cet arbre pour dissoudre les taies qui se forment sur les yeux.
98.—ECORCE BARACARA. De même provenance. Ses propriétés n'ont pas été étudiées. (*Voir Section D, N° 1.*)
99.—ECORCE BARROWA OU BARERUA. De la rivière Démérary. Exposée par R. Rodie.

Section D.

Bois de Charpente et pour d'autres destinations.

1.—BARACARA. (*Erythrina Corallodendrum, Lin.*) De la rivière Berbice. Exposé par T.-B. Duggin. Bois dur, serré, d'un beau grain. L'arbre produit des graines rouges dont on fait des colliers et des bracelets. (*Voir Section F, N° 30.*)

Dans la description des bois, on a adopté la nomenclature de Sir ROBERT SCHOMBURGK; on s'est servi largement des indications contenues dans ses ouvrages; on a aussi mis à profit et fait entrer autant que possible dans ce Catalogue le Guide local de la Guyane Britannique, et les notes fournies par divers exposants de la colonie dont les collections ont figuré aux Expositions de Londres, de Dublin et de New-York.

2.—KAIEERI-BALLI (*et non Manniraballi*). De même provenance. Bois excellent pour poutres, voliges et planchers de bâtiments.

3.—BUHURADDA. De même provenance. Très abondant. Mêmes usages que le précédent. Le spécimen envoyé à l'Exposition a été avarié par le contact de l'eau.

4.—WALLABA. (*Eperua Falcata, Aubl.*) De même provenance. Ce bois, d'un rouge foncé, dur et pesant, se fend néanmoins aisément, et sa fente offre une surface unie ; il est très usité pour toute la menuiserie du bâtiment, et de plus pour piquets, pilotis, etc. L'huile résineuse dont il est imprégné le rend aussi durable sous l'eau que hors de l'eau. Un toit bien ajusté avec ce bois peut durer plus de 40 ans. L'arbre est très commun sur tous les points du territoire de la colonie ; il croit principalement au bord des rivières ; on peut en couper des billes de 30 à 40 pieds de long (9 à 12 mètres) et 15 à 20 pouces d'écarrissage (0^m 35 à 0^m 45.) (*Voir Section C, N° 88.*)

5.—BAAYIA OU BANNIA, EBÈNE. De même provenance. Grand arbre à surface cannelée, mais qui dépasse rarement la hauteur de 20 à 30 pieds (6 à 9 mètres). On emploie seulement le cœur de l'arbre, souvent altéré par divers défauts, et qui a rarement plus de 8 à 10 pouces de diamètre (0^m 18 à 0^m 25). Le bois en est noir, pesant, dur et solide, employé pour cadres de tableaux, et divers objets d'ébénisterie ; les Indiens en font leurs massues de guerre. L'arbre est très répandu dans toute la Guyane. Le spécimen exposé est pris d'un arbre encore jeune.

6.—KAKARALLI. (*Lecythis ollaria, Lin.*) De même provenance. Ce bois est très abondant ; il croit trapu et serré ; on peut s'en procurer des billes de 6 à 14 pouces d'écarrissage (9 centimètres 1/2 à 31 centimètres 1/2) et de 30 à 40 pieds de long (9 à 12 mètres). Ce bois est lourd, solide, d'un grain serré, plus durable que celui du Greenheart pour résister à l'eau salée, parce qu'il n'est pas attaqué des tarets et des insectes nuisibles aux bois des navires ; on l'emploie beaucoup, par ce motif, pour les bâtiments de guerre et pour construction des écluses. On s'en sert aussi pour la menuiserie du bâtiment. L'écorce, facile à détacher, est composée de plusieurs couches superposées ; les Indiens les séparent en frappant dessus avec un bâton ; Schomburgk a compté jusqu'à 70 feuillets dans une seule bande de cette écorce ; ces feuillets ont toute l'apparence du papier satiné. On les fait sécher au soleil, après quoi ils servent à rouler des cigares. L'arbre est surtout commun sur les terres élevées voisines du bord des rivières ; on en connaît plusieurs variétés : la noire, la rouge et la blanche. (*Voir Section C, N°s 76 à 78.*)

7.—CUMARAMARA OU ARBRE A LA MARMELADE. (*Lucuna mammosa, Gœrtn.*) De même provenance. Bois dur et solide, employé pour faire des pilons. L'arbre produit un fruit délicieux qui a le goût d'une excellente marmelade.

8. — SIRUABALLI OU SILVERBALLI, *variété jaune*. (*Nectandra* ou *Oreodaphne, Sp.*) De même provenance. L'arbre prend de grandes dimensions ; mais, dans ce cas, il est souvent creux à l'intérieur. Toutefois, on en a facilement des billes de 10 à 14 pouces d'écarrissage (0^m 22 à 0^m 32) et de 30 à 40 pieds de long (9 à 12 mètres). Son bois, plus léger que l'eau, contient un principe amer qui éloigne les vers et les tarets ; il est fort utile dans les colonies, en raison de cette propriété, pour le revêtement extérieur des navires et des bateaux ; on en fait aussi des mâts et des vergues. Il existe 4 variétés ou espèces distinctes de Silverballi : le noir, le brun, le jaune et le blanc ; tous possèdent des propriétés semblables ; le blanc est le plus estimé. Le spécimen exposé est peu volumineux.

9. — CRAB-WOOD. (*Hylocarpus Carapa Spr.* ou *Carapa Guyanenes Aubl.*) De même provenance. Arbre très répandu, qui croit trapu et serré ; on peut l'exploiter en billes de 14 à 16 pouces d'écarrissage (0^m 32 à 0^m 36) sur 40 à 60 pieds de long (12 à 18 mètres). Le bois est léger, et comme il prend un beau poli, il convient parfaitement pour l'ébénisterie. Dans les habitations de luxe, on en fait aussi des portes et des boiseries. Ce bois sert aussi pour des mâts, des vergues, et dans l'occasion, pour des caisses à sucre. On en fait également des lattes, parce qu'il se fend facilement et nettement. Il y en a 2 variétés : la rouge et la blanche. Les graines donnent l'*huile Crab ;* l'écorce sert pour la tannerie ; on voit que cet arbre est au rang des plus utiles de la colonie. (*Voir Section C, N°s 1 et 69.*)

10. — WARRACOORI OU CEDRE BLANC. (*Icica altissima, Aubl*) De même provenance. Cet arbre croit abondamment dans les basses terres ; son bois est léger, aromatique, facile à travailler ; il se fend facilement, et, pour cette raison, il se prête parfaitement à la fabrication des douves. Pendant la guerre d'Amérique, on s'est servi de ce bois pour faire des caisses à sucre ; il est fréquemment employé pour les boiseries intérieures des habitations ; on en fait aussi des rames et des avirons, et même des canots. Les Indiens emploient son écorce en décoction contre la maladie nommée *Carabisi*. Le spécimen exposé provient d'un arbre très jeune. (*Voir Cèdre rouge, N° 24.*)

11. — CABACALLI. De même provenance. Cet arbre croit trapu et serré ; ses billes ont de 12 à 18 pouces d'écarrissage (0^m 30 à 0^m 45) et de 40 à 50 pieds de long (12 à 15 mètres). Son bois est pesant et d'un grain serré ; mais, pour les constructions navales, il est considéré comme un peu inférieur au *Silverballi* (N° 8) ; comme ce dernier, il contient un principe amer qui en éloigne les vers et le rend très durable sous l'eau. Toutefois, pour les navires, il demande à

être cloué et chevillé en cuivre. Le bois du tronc et des branches est utilisé pour toute sorte d'usages ; il est aussi durable que celui du Mora. (N° 12.)

12.—MORA. (*Mora excelsa, Benth.*) De même provenance. Cet arbre est le plus majestueux de tous ceux des forêts de la Guyane qu'il domine de son sommet, souvent haut de 100 à 150 pieds (30 à 45 mètres) ; il n'est pas rare d'en voir dont le tronc mesure 60 pieds (18 mètres), avant la naissance des branches. Quand il a cette longueur, il mesure 18 à 20 pouces d'écarrissage (0^m 45 à 0^m 50) ; mais l'intérieur est rarement sain. Le bois est extrêmement dur, serré, d'un grain croisé, par conséquent difficile à fendre, ce qui le rend tout spécialement approprié aux constructions navales. Le tronc est excellent pour les quilles de navire, les charpentes et les poutres ; les branches qui croissent naturellement avec une tendance à se contourner, n'ont pas d'égales pour les pièces courbes. Les guerriers cuirassés de ce bois ont peu à craindre d'être blessés par ses éclats durant le combat. Sous plusieurs rapports, il est supérieur au chêne, surtout en ce qu'il n'est pas sujet à la pourriture sèche. Le bois de Mora, comme celui du Greenheart (N° 101), est classé au Lloyd parmi les huit premières espèces de bois pour les constructions navales. On le trouve en abondance le long des rivières et à portée des côtes ; il s'étend vers le sud jusqu'à 3° de latitude Nord. Il croît vigoureusement sur les monticules de sable et dans les terrains d'argile connus sous le nom d'*argile du Mora* (*Mora-Clay*), sol tellement stérile qu'il ne vaut pas la peine d'être cultivé. Sir ROBERT SCHOMBURGK dit en parlant de cet arbre : « Dans mes premiers voyages à travers la Guyane, je n'ai jamais vu de Moras aussi gigantesques que ceux des terres voisines du Barima dans la partie supérieure de son cours. Enfin, quand nous avions doublé l'un des nombreux promontoires que la rivière contourne, et que nous avions devant nous une longue étendue de son bassin, les touffes de cet arbre majestueux apparaissaient dans le paysage, comme des collines couvertes de verdure, jusqu'à ce qu'en approchant, notre illusion cessait et nous reconnaissions que ce qui nous avait semblé être des collines, se trouvait être formé d'un seul arbre de 130 à 150 pieds de haut (39 à 45 mètres), représentant à lui seul, il est vrai, la végétation de toute une forêt. La valeur du Mora pour les constructions navales est actuellement bien reconnue dans la Grande-Bretagne; elle ouvre un nouveau débouché au commerce d'exportation de la colonie. Sur le cours supérieur du Barima, les Moras sont en si grand nombre que toute la marine de la Grande-Bretagne pourrait être reconstruite en bois de Mora sans épuiser les forêts de cet arbre qui avoisinent les bords de cette rivière. Cette circonstance est d'autant plus digne d'être prise en considération que le Barima est navigable pour des embarcations tirant 12 pieds d'eau (3ᵐ 60), de sorte que les bateaux affectés au transport des Moras peuvent être chargés pour ainsi dire sur le terrain même où les arbres ont été abattus. » L'écorce du Mora est propre à la tannerie ; dans les temps de disette, les Indiens mangent la graine du Mora broyée et mêlée à du bois pourri de Walaba. On regarde ces graines comme utiles contre la diarrhée et la dyssenterie. Il est fâcheux que le spécimen exposé ne soit pas plus considérable.

13.—BOURRA-COURRA, PAIRA, LETTER-WOOD OU BOIS DE SERPENT. (*Piratinera Guyanensis*, Aubl., ou *Brosimum Aubletii*, Poep.) De même provenance. Cet arbre, très rare jusqu'à la distance de quelques centaines de milles de la côte, a souvent 60 à 70 pieds de haut (18 à 21 mètres) sur 2 à 3 pieds de diamètre (0ᵐ 60 à 0ᵐ 90). L'écorce est d'un gris foncé ; lorsqu'elle est entamée, il en découle un suc laiteux. La partie extérieure du tronc est blanche et très dure ; le cœur qui, chez les plus grands arbres, n'excède pas 6 à 7 pouces (0ᵐ 15 à 0ᵐ 18) est d'un rouge foncé, moucheté de taches noires qui varient de forme et de grandeur, ce qui lui a valu les noms de *Bois-aux-lettres*, Letter-wood, ou *Bois-de-Serpent* Snake-wood. Il prend un beau poli ; mais, les trop petites dimensions de la partie mouchetée, et son prix élevé, même dans la colonie, en limitent l'emploi à la marqueterie, aux cadres de tableaux, aux petits meubles et aux cannes de luxe. Les Indiens en fabriquent des arcs plutôt d'ornement que de service. Au pied des monts Kanuku, près de la rivière Rupununi, sur les bords du haut Essequebo et du Corentin, l'arbre est abondant ; mais, toutes ces localités étant à quelques centaines de milles de la côte, il est aussi difficile que dispendieux de les faire arriver jusqu'aux parties habitées de la colonie où il se vend au poids, au prix moyen de 8 pence la livre (80 centimes les 420 grammes, soit 1 fr. 90 cent. le kilogramme). Il paraît qu'il existe une autre variété dont le bois n'est pas moucheté ; on dit que c'est celle que les Indiens préfèrent pour leurs arcs.

14.—SIMERI OU ARBRE AUX SAUTERELLES. (*Locust-tree*, *Hymenaa Courbaril*, Lin.) De même provenance. Cet arbre est abondant à la Guyane Britannique ; souvent son tronc s'élève, sans ramifications, jusqu'à 60 à 80 pieds (18 à 24ᵐ), avec un diamètre de 8 à 10 pieds (2ᵐ 40 à 3ᵐ.) Son bois, d'un grain serré, dur, compacte, d'un brun veiné, semble devoir être précieux pour l'ébénisterie. Comme il n'est sujet ni à se fendre, ni à se déformer par l'humidité, il convient parfaitement pour les arbres de moulin et les pièces de mécanique. On en expédie des quantités importantes pour l'Angleterre, où ce bois est employé pour les planchers des navires et pour les châssis et les planches servant à contenir les machines à vapeur. Il est également propre à la confection des châssis, des roues et des autres pièces des machines à filer. Les Indiens et les Nègres se nourrissent de la pulpe farineuse et sucrée qui enveloppe les semences de cet arbre. Les Indiens fabriquent, avec son écorce, des canots qu'ils nomment *vood-skins*. L'arbre donne la gomme-résine *animé* du commerce. (*Voir Section C, N° 18.*) Le spécimen exposé est peu volumineux.

15.—BALI OU DARI. (*Virola Sebifera Aubl.*) De même provenance. Grand et majestueux arbre qu'on voit très fréquemment sur les bords des rivières. Le bois, léger et facile à fendre, sert à faire des douves et des dessus de caisses. La graine donne, dans l'eau bouillante, une huile concrète, dont on fait des bougies comparables aux bougies de cire. Le spécimen exposé a été avarié par le contact de l'eau.

16.—HIKIBURI OU CORK-VOOD, BOIS DE LIÈGE. (*Drepanocarpus lunatus, Meyer.*) De même provenance. Arbre très répandu dans la colonie sur les bords des rivières et des criques. Le bois de cet arbre est usité comme flotteur, pour la pêche. L'écorce fraîche, infusée dans le rhum sans couleur, lui fait prendre celle de l'eau-de-vie.

17.—CISSELALA. De même provenance. Bois solide et pesant. L'écorce, râpée et appliquée sur une blessure, passe pour un bon styptique.

18.—SIMAROUBA. (*Simaruba officinalis, Dec. Simaruba amara Aubl.*) De même provenance. Cet arbre croit sur les pentes des collines ; il y parvient à la hauteur de 50 pieds (15^m) ; il est très ramifié et un peu contourné ; le bois ressemble à celui du pin, quant à la couleur et à la qualité. Il est léger et facile à travailler ; on peut s'en procurer des planches de 20 à 40 pieds de long (6 à 12^m) sur 24 à 30 pouces de large (0^m 60 à 0^m 75). Il est très employé pour faire les cloisons et les boiseries intérieures des maisons habitées ; mais il ne résiste pas au contact de l'air extérieur. L'échantillon exposé n'est pas volumineux. (*Voir Section C, N° 49.*)

19.—SARIBEMBI. De même provenance. Bois très abondant, employé jusqu'à présent exclusivement comme bois à brûler, et, néanmoins, propre à divers autres usages plus avantageux.

20.—BURUEA, BULLY OU BULLET-TREE. (*Mimusops, Sp.*) De même provenance. Cet arbre se rencontre partout dans la colonie ; mais il est surtout commun dans le comté de Berbice ; il est de la plus grande taille ; son diamètre est fréquemment de 6 pieds (1^m 80), et le tronc est sans ramifications presque jusqu'au sommet. Les feuilles, les branches et le tronc donnent un suc laiteux blanchâtre. Le fruit, de la grosseur d'une baie de caféyer, est excellent ; son goût ressemble à celui de la sapotille. Le bois est d'un brun foncé, marqué de petites taches blanches, solide, pesant, d'un grain serré, et très durable. On l'emploie principalement dans la menuiserie du bâtiment, pour solives, montants de portes et planchers d'appartements, et, comme les intempéries des saisons ont sur lui peu d'influence, ce bois est considéré comme le meilleur pour les ailes et les charpentes des moulins à vent. On peut s'en procurer des billes de 20 à 30 pouces d'écarrissage (0ᵐ 50 à 0ᵐ 75), et de 30 à 60 pieds de long (9 à 18ᵐ). Dans l'eau salée ou seulement saumâtre, ce bois est infailliblement attaqué des vers (Tarets). L'un de ces arbres, abattu par Schomburgk, à Cayuni, mesurait, jusqu'à la naissance des branches, 67 pieds (20ᵐ 10), et de là au sommet, 49 pieds (14ᵐ 70), en tout 116 pieds (34 80). Avec la partie supérieure du tronc, ainsi qu'avec les branches, on fait des jantes de roues et des piquets pour palissades. L'exposant assure que l'écorce de cet arbre est employée, en décoction, sous forme de clystère, et qu'elle est très efficace pour combattre une affection fréquente chez les habitants de l'intérieur du pays qui la nomment *Quata* (*Kaina-Kuku*, en langue Arawaak.) Cette maladie sévit chez les tribus indiennes en certaines saisons, surtout au commencement de la saison sèche, en septembre. Le spécimen exposé provient d'un très jeune arbre ; mais il montre bien les caractères du bois.

21.—HOUBABALLI. De même provenance. Bois léger, d'un brun clair, agréablement marbré de veines noires et brunes ; facile à travailler ; prenant un beau poli ; précieux pour l'ébénisterie et la tabletterie de toute espèce. On peut s'en procurer des billes de 15 à 20 pouces d'écarrissage (0ᵐ 38 à 0ᵐ 50), et de 40 à 70 pieds de long (12 à 21ᵐ.) Cet arbre n'est pas rare ; mais souvent il se trouve vide à l'intérieur, ce qui ôte toute valeur à son bois. Le spécimen exposé est petit, il a été écarri.

22.—MARSIBALLI OU ACOURIBROED. De même provenance. Cet arbre est abondant à la Guyane Britannique ; il est utilisé comme bois de charpente, de marine et de menuiserie pour l'intérieur des maisons d'habitation. Il est solide et durable, pourvu qu'il ne soit pas exposé aux intempéries de l'atmosphère. On en peut avoir des billes de 13 à 14 pouces d'écarrissage (0ᵐ 33 à 0ᵐ 35), et de 30 à 40 pieds de long (9 à 12ᵐ.) Le spécimen exposé a été avarié par le contact de l'eau.

23.—HURAHEE OU OURIHE. De même provenance. Arbre trapu et serré ; bois à grain serré, de 6 à 12 pouces d'écarrissage (0ᵐ 15 à 0ᵐ 30) ; employé pour les boiseries d'appartement. Le fruit, assez semblable à une olive, est d'une couleur pourpre foncée.

24.—CASLANA, AENYARI, MARA OU CÈDRE ROUGE. (*Icica altissima*, Aubl.) De même provenance. L'arbre ne se trouve que dans l'intérieur de la colonie ; il s'élève jusqu'à 100 pieds de haut (30ᵐ), sur 4 à 5 pieds de diamètre (1ᵐ 20 à 1ᵐ 50). Les billes ont de 10 à 30 pouces d'écarrissage (0ᵐ

25 à 0ᵐ 75). Son bois, léger, à grain peu serré, se fend difficilement; il est facile à travailler. Comme son odeur fortement aromatique éloigne les insectes, il est fort recherché pour les bibliothèques, les coffres et les armoires. La hauteur considérable des troncs les rend propres à la mâture; les Indiens l'emploient, de préférence à tout autre, pour leurs canots. L'un des canots dont Schomburgk s'est servi pendant une de ses expéditions à l'intérieur de la Guyane, mesurait 42 pieds de long sur 5 pieds 1/2 de large (12m 60 sur 1m 65); il avait été creusé dans un seul tronc de cet arbre. Après s'être servi pendant 4 ans de ce canot, qui avait déjà beaucoup servi avant qu'il en fit l'acquisition, Schomburgk le trouva parfaitement sain, quoiqu'il eût navigué, tour à tour, dans l'eau salée et dans l'eau douce, et qu'il eût été tiré à terre et traîné pour remonter les cataractes, bien des fois, pendant cet intervalle. Il est considéré comme une simple variété du *cèdre blanc*, mentionné plus haut (N° 10). Le spécimen exposé provient d'un jeune arbre.

25.—NURADANI. De même provenance. Bois dur, très usité pour les *corials* ou canots des naturels; on l'utilise aussi comme bois de charpente; on en fait des raies et des jantes de roues; on le débite en planches pour couvrir les maisons dans la colonie. Les billes ont de 14 à 20 pouces d'écarrissage (de 0m 35 à 0m 50), sur 30 à 40 pieds de long (9 à 12m). La riche nuance brune de ce bois le rend propre aux ouvrages d'ébénisterie. L'abre est commun à la Guyane et de grandes dimensions. Le spécimen exposé provient d'un jeune arbre; le même bois se montre plus à son avantage sous le N° 88.

26.—ADABADANI. De même provenance. Bois léger, d'un grain peu serré, employé pour les solives des maisons. L'écorce fraîche, appliquée sur la peau, y produit rapidement l'effet d'un vésicatoire. Le spécimen exposé a été endommagé par le contact de l'eau.

27.—DUCURIA. De même provenance. Bois dur, à grain serré, semblable à celui du *Bully tree*, propre aux mêmes usages. (*Voir N° 20.*)

28.—SARABADANI. De même provenance. Bois de couleur pourpre foncée, dur, à grain serré, très recherché pour l'ébénisterie. On en peut avoir des billes de 8 à 10 pouces d'écarrissage (0m 20 à 0m 25), et de 30 à 40 pieds de long (9 à 12m). L'arbre, qui prend de grandes dimensions, croit surtout dans les terres marécageuses et près des bords des rivières. Le spécimen exposé a été avarié par le contact de l'eau.

29.—CUCURITBALLI OU KOQUERITIBALLI. De même provenance. Bois dur, solide, à grain serré, durable, excellent pour poutres et solives. Il s'élève à la hauteur de 20 à 40 pieds (6 à 12m), avec un diamètre de 4 à 9 pouces (0m 10 à 0m 22).

30. — DUCALI. De même provenance. Nous mentionnons ici cet arbre, moins pour son bois que pour son suc gommeux, laiteux ou caoutchouc, employé comme médicament externe, contre la maladie nommée *yaws*. Le spécimen exposé provient d'un arbre très jeune, et il a été endommagé par le contact de l'eau.

31. — KURAKAI OU KURAKI. De même provenance. L'arbre prend des dimensions colossales; il donne, par exsudation, une gomme qui possède les mêmes propriétés que celles du *Hyawa* (*Section C, N° 21*). Son bois passe pour le meilleur de la colonie, pour la fabrication des caisses; il n'est pas sujet à la pourriture sèche; il est excessivement durable quand il n'est pas exposé au contact de l'air extérieur. C'est un bois léger, à grain peu serré, très odorant, souvent employé pour faire des corials ou canots. Cet arbre est très commun dans les terrains bas et marécageux de tous les districts de la colonie. (*Voir Section C, N° 24.*) Le spécimen exposé provient d'un arbre très jeune.

32. — BARTABALLI. (*Lucuma bomplandii*, *H. B.*). De même provenance. Grand arbre très répandu à la Guyane; bois léger facile à fendre; propre à faire des douves de tonneau, des chaises et des boiseries pour l'intérieur des habitations. L'arbre porte un fruit d'une saveur agréable.

33. — CRABABALDI. De même provenance. Grand arbre, dont le bois, quoiqu'il soit fort dur, est peu usité, si ce n'est comme solives et voliges pour les habitations. Les Indiens emploient comme vomitif la décoction de sa racine.

34. — PUTTI. De même provenance. L'un des arbres les plus communs sur les bords des rivières de la Guyane; remarquable par ses belles fleurs lilas. Bois mou et sans usage.

35. — ITABALLI. (*Vochyssia Guyanensis. Aubl.*) De même provenance. Cet arbre croît à la hauteur de 30 à 40 pieds (9 à 12 mètres), avec un diamètre de 3 à 4 pieds (0^m 90 à 1^m 20). Ses fleurs d'un beau jaune, très odorantes, sont d'un bel effet ornemental. Le bois n'est pas durable sous les influences atmosphériques à l'extérieur; mais comme il est tendre et facile à travailler, les Indiens en font des corials ou canots. On l'emploie aussi pour faire des boiseries intérieures, des douves de tonnes à sucre et des avirons. Le spécimen exposé provient d'un jeune arbre.

36. — HITCHIA. De même provenance. Grand arbre, dont le bois est surtout employé pour la charpente des habitations. Le spécimen exposé provient d'un jeune arbre.

37. — TURANIRA ou TOWRANEROO, ou BULLY-TREE BATARD. De même provenance. Arbre très connu, de grandes dimensions, dont les billes mesurent 15 pouces d'écarissage (0^m 38) sur 40 à 50 pieds de long (12 à 15 mètres). Bois d'un beau grain, du même brun que le bois de cèdre, propre à la charpente, et en général aux mêmes usages que celui du bully-tree (N° 20), auquel il ressemble

beaucoup, sauf qu'il ne résiste pas au contact de l'air extérieur. Le fruit de cet arbre est délicieux. Le spécimen exposé provient d'un jeune arbre.

38.—DETERMA. De même provenance. Ce arbre, très commun à la Guyane, croît à une grande hauteur; il fournit des planches de 12 à 36 pouces de large (0ᵐ 30 à 90). C'est le bois le plus durable que la Guyane possède pour la construction des bateaux, pourvu que ceux-ci soient cloués et chevillés en cuivre. On en fait aussi des mâts et des vergues. N'étant pas sujet aux attaques des insectes, il convient particulièrement pour faire des coffres et armoires. Le spécimen exposé provient d'un jeune arbre.

39.—COOPA. (*Clusia insignis*, *Mart.*) De même provenance. Bois dur d'un brun foncé. La plante vit en parasite sur les branches qui forment la tête des arbres peu élevés. De là, la *coopa* envoie au sol ses racines, dont la grosseur varie depuis celle d'une aiguille à tricoter jusqu'à 6 ou 7 pouces de diamètre. La fleur est grande et d'une rare beauté, fond blanc, avec nuance bleue très délicate au centre, et un disque d'un rose vif, de substance résineuse; il y en a deux variétés qui diffèrent seulement par les dimensions des fleurs et du feuillage. Le fruit a la forme et l'aspect extérieur d'un ognon d'Espagne; aussi le nomme-t-on vulgairement: *ognon sauvage*; le suc de ce fruit appliqué sur la peau y cause une irritation violente. La semence est la nourriture favorite de l'oiseau nommé *powi* (*cax alector*, *Lin.*); elle donne une forte saveur alliacée à la chair de cet oiseau.

40.—CYNTHIA ou TOUTE-EPICE SAUVAGE. De même provenance. Cet arbre croît touffu et étalé; il porte des baies employées comme assaisonnement. Le bois dur et d'un grain serré, ressemble à celui du buis.

41.—CACARUA. De même provenance. Bois dur et très compacte; fruit délicieux.

42.—CURACORI ou KURUHURU. De même provenance. Grand arbre commun à la Guyane; il vient trapu et serré. Le bois, durable et peu sujet à se fendre, convient pour les mâts, les pièces courbes et la charpente des petits navires (*schooners*); on en fait aussi des arbres de moulin et des planches de toute sorte. Les Indiens en font des canots qui durent fort longtemps. (*Voir section C*, N° 84.)

43.—MARIWAYANA ou PURPLEHEART, CŒUR POURPRE (*copaïfera pubiflora et bracteata*, *Benth.*) Les Arawaaks nomment cet arbre *courabarel*. De même provenance. Arbre assez rare dans le voisinage de la mer; croît principalement dans la région montagneuse, au-dessus des cataractes. Il y en a plusieurs espèces ou variétés peu différentes les unes des autres; leur bois élastique autant que solide, est recherché pour l'ébénisterie, soit en raison de sa couleur, soit parce qu'il est très durable. On en fait aussi des crapaudines de mortiers; il résiste mieux que tout autre bois au choc des détonnations de l'artillerie. Le colonel Mudie, du corps royal du génie, a dit à sir Robert SCHOMBURGK, qu'au siége du fort Bourbon, dans l'île de la Martinique, le bois de *greenheart noir* (N° 102) et celui *purpleheart*, employés comme plate-formes des mortiers (*crapaudines*), avaient seuls résisté à cette épreuve. Une variété de cet arbre (*Copaïba bracteata*) est très commune dans les savanes près des rivières Rupununi, Tacutu et Branco; mais elle est de petites dimensions comparativement à la première. On en fait des ailes de moulin à vent, des cylindres et des pièces mécaniques. Si ce bois était plus connu, il serait probablement préféré au bois de rose, pour la décoration des cabines de navires. C'est avec l'écorce de cet arbre enlevée lorsqu'il vient d'être abattu, que les Indiens font leur canots nommés *woodskins*, dont quelques-uns sont assez grands pour naviguer sur l'eau douce avec vingt ou vingt-cinq personnes à bord. Le spécimen exposé provient d'un arbre très jeune. Le même bois se montre mieux à son avantage sous le N° 85.

44.—WADADURI ou MONKEY-POT, POT-DE-SINGE. (*Lecythis grandiflora*, Lindley). De même provenance. Cet arbre est très commun dans toute la Guyane Britannique. Il croit touffu et droit, prend de grandes dimensions; son bois dur, d'un grain serré, très sain, sert pour l'ébénisterie, on en fait aussi de bonnes douves pour les tonneaux à sucre.

45.—YARI-YARI ou LANCEWOOD JAUNE. (*Duguestia guitarensis*, *Lindley*.) De même provenance. Arbre souple, passablement abondant. On en peut avoir des billes de 15 à 20 pieds de long (4m 50 à 6 mètres), de 4 à 6 pouces de diamètre (0m 10 à 0m 16), son bois très fin, solide et élastique, est fort recherché pour faire des timons de voiture. Lorsqu'il est encore peu développé, on en fait des manches de fouet ou de lignes à pêcher. Les Indiens font avec ce bois la pointe de leurs flèches. Le spécimen exposé a été avarié par le contact de l'eau.

46.—PALMIER ITA. (*Mauritia flexuosa*, *Lin.*) De même provenance. Le plus souple de tous les palmiers indigènes de la Guyane Britannique; il s'élève quelquefois à la hauteur de près de 100 pieds (30 mètres). Sa fibre est fort utile; les Indiens s'en servent pour divers usages. Jusqu'à présent les produits fabriqués avec cette fibre ne résistent pas à l'action prolongée de l'humidité. On prépare avec le fruit de ce palmier une liqueur légèrement acide, nommée belteerie, qui peut empoisonner. Les Indiens en font usage pendant leur danse. (*Voir section B, N°s 46 à 50.*)

47.—PALMIER TOOROO. De même provenance. Cet arbre croit à la hauteur de 60 à 70 pieds. On utilise son bois extérieur pour fabriquer des ouvrages de marqueterie, des queues de billard, des cannes, etc. On prépare avec son fruit une boisson qui ressemble au chocolat.

48.—PALMIER CUCURIT ou KOQUERIT. (*Maximiliana regia*, *Mart.*) De même provenance. Ce palmier, très répandu à la Guyane, croît à la hauteur de 30 à 40 pieds (9 à 12 mèt.). Son fruit est excellent; ses jeunes feuilles, avant de sortir du spathe qui les renferme, composent un choux délicieux qui figure quelquefois sur les bonnes tables de la colonie. On extrait une belle huile limpide de ses semences, soit en les broyant dans un mortier de bois, soit en cassant les noyaux et traitant les semences par l'eau bouillante. Une particularité remarquable, c'est que, si l'on conserve les graines de ce palmier pendant un certain temps, on trouve presque invariablement, dans chacune d'elles, une larve qui, devenue insecte parfait, finit par percer le bois dur du noyau et s'échapper par un trou circulaire, visible dans les spécimens exposés. (*Voir section B*, N° 64, et *section F*, N°s 3 et 76.)

49.—PALMIER AWARA. De même provenance. Petit palmier qui ne dépasse pas la hauteur de 20 à 30 pieds (6 à 9 mètres). Le tronc et les feuilles sont armés de formidables épines que les Indiens utilisent en qualité d'épingles (*pins*). Le bois du tronc étant très durable, on en fait quelquefois des montants de porte et l'on en construit des abris pour le gros bétail. Les Indiens préparent avec le fruit mûr de cet arbre leur boisson favorite; ils font des anneaux et des bracelets avec le bois de la noix; ce bois est noir, très dur, et prend un beau poli. L'arbre est extrêmement commun dans la colonie.

50.—WADADURI, OU MONKEY-POT, POT DE SINGE. A. Tranche de son bois. B. Coupe transversale. De la colonie pénale H. M. de la rivière Masaruni. Exposées par H.-E. Cartwrigth. (*Voir N° 44.*)

51.—ARUMATA OU ARMATA. A. Tranche de son bois. B. Coupe transversale. De même provenance. On a rarement des billes de ce bois de plus de 25 à 33 pieds de long (7m 50 à 9m 90), sur 7 pouces de diamètre (0m 17). C'est un bois dur, solide, excellent pour les planches des navires, mais principalement employé pour la charpente des habitations rurales. Le cœur de l'arbre est fort beau et propre à l'ébénisterie.

52.—BUCABALLI ou Acajou de la Guyane. Bois rare, regardé comme supérieur au véritable acajou, réservé par ce motif pour les ouvrages d'ébénisterie; son prix est toujours élevé.

53.—KAKARALLI. Section transversale de son bois. De même provenance. (*Voir N° 6.*)

54.—DUCALIBALLI BATARD. De même provenance. Son bois offre quelque ressemblance avec celui du vrai Ducaliballi (N° 105); mais il lui est fort inférieur. Le spécimen exposé a été avarié par le contact de l'eau.

55.—SIMAROUBA. De même provenance. (*Voir N° 18.*)

56.—CARISIRI OU LANCE-WOOD NOIR. De même provenance. Arbre

trapu, droit, souple, assez commun. Il dépasse rarement l'épaisseur de 4 à 6 pouces de diamètre (0ᵐ 10 à 0ᵐ 15) ; il est remarquable par la propriété qu'il possède de ne donner qu'une très petite pousse terminale. Le bois, d'un grain serré, solide et très élastique, est recherché pour solives et pour timons de voitures ; il passe pour supérieur même à celui du Yari-Yari et du Lance-Wood jaune. (*Voir* N° 45.)

57.—HOWAG. Coupe transversale de son bois. De même provenance. Bois dur et pesant.

58.—KURAKAI OU CURAKI. De même provenance. Le spécimen exposé provient d'un arbre très jeune. (*Voir* N° 45.)

59.—BARTABALLI. Tranche de son bois. De même provenance. (*Voir* N° 32.)

60.—CABACALLI. Coupe transversale. De même provenance. (*Voir* N° 11.)

61.—SPRACUNI. Coupe transversale. De même provenance. Bois de force moyenne.

62.—CUCURITBALLI OU KOQUERIT-BALLI. De même provenance. Ce spécimen a été avarié par le contact de l'eau. (*Voir* N° 29.)

63.—CURUWASSA. Tranche de son bois. De même provenance.

64.—COWASSA OU MAMMEE SAUVAGE. Tranche de son bois. De même provenance. Bois dur, à grain serré, d'une riche couleur brune, agréablement veiné, propre à l'ébénisterie et à la tabletterie.

65.—HYABALLI BATARD. De même provenance. Bois plus léger que dur, d'un grain peu serré ; très usité pour la tabletterie.

66.—SILBADANI OU SIBADANI. Coupe transversale de son bois. De même provenance. Bois pesant et compacte ; l'aubier ou bois extérieur est d'un jaune brillant ; le cœur est d'un pourpre foncé et d'une dureté excessive. Très employé pour l'ébénisterie. Le spécimen exposé provient d'un arbre très jeune ; il a été avarié par le contact de l'eau.

67.—CURAHURI. De même provenance. (*Voir* N° 42.)

68.—BUCKATI. A. Tranche de son bois. B. Coupe transversale. De même provenance. Bois solide et compacte, d'un beau jaune brun.

69.—WALLABA-GALE. A. Tranche de son bois. De même provenance. Ce bois ressemble à la variété jaune du Silverballi (N° 8). Ce spécimen provient d'un jeune arbre.

70.—TURANIRA. Tranche de son bois. De même provenance. Spécimen préférable à celui du N° 37.

71.—MARSIBALLI. Tranche de son bois. De même provenance. Bien que ce spécimen ait été avarié par le contact de l'eau, il est préférable à celui du N° 22.

72.—HYA-HYA OU ARBRE AU LAIT. (*Tabernœmontana utilis*, Arn.) De même provenance. Bois léger et mou. Cet arbre, de la famille des Euphorbiacées, donne en grande abondance un suc laiteux. (*Voir Section C*, N° 15.)

73.—WOURALI ou OURARI. (*Strychnos toxifera, Schomb*) Coupe transversale de son bois. De même provenance. Bois dur, d'un grain serré, du même brun que le bois de cèdre. Ce spécimen provient d'un jeune arbre. (*Voir Section C, N° 15.*)
74.—BURUCH, BULLY ou BULLET-TREE. A. Tranche de son bois. B. Coupe transversale. De même provenance. Ce spécimen permet mieux que celui du N° 20, d'apprécier la beauté du bois.
75.—ASSEPOCA. A. Tranche de son bois. B. Coupe transversale. De même provenance. Bois rare, d'une nuance fauve pâle, excessivement dur et compacte. Le spécimen exposé provient d'un jeune arbre.
76.—HYMORACUSI. Tranche de son bois. De même provenance. Bois très dur, d'un grain très serré (ressemblant au N° 75). C'est un très bon bois d'œuvre; mais on s'en sert peu dans la colonie; son diamètre dépasse rarement 9 à 10 pouces (0^m 22 à 0^m 25). L'arbre est trapu et droit; son fruit est mangeable et de bon goût.
77.—SILVERBALLI, *variété blanche*. A. Tranche de son bois. B. Coupe transversale. De même provenance. (*Voir N° 8.*)
78.—LOFERI-SILVERBALLI. A. Tranche de son bois. B. Coupe transversale. De même provenance. Autre variété de Silverballi, peu différente du N° 77.
79.—HOUBABALLI. Tranche de son bois. De même provenance. (*Voir N° 21.*)
80.—KARTABALLI. De même provenance. Bois dur, compacte et solide.
81.—MORABALLI ou MOORABALLI. A. Tranche de son bois. B. Coupe transversale. De même provenance. Cet arbre, qu'on trouve en grand nombre sur les terrains élevés, prend de grandes dimensions. Le bois en est dur et très durable; on en fait des poutres et de bonnes planches pour les habitations. Les Indiens battent les jeunes troncs de cet arbre pour en isoler la fibre dont ils préparent des torches. Le spécimen exposé provient d'un très jeune arbre.
82.—MANIBALLI ou CANDLE-WOOD, BOIS-CHANDELLE. (*Amyris* ou *Icica, Sp.*) Tranche de son bois. De même provenance. Cet arbre pousse très droit. On en peut avoir des billes de 30 à 35 pieds de long (9^m à 10^m 50), et de 6 à 10 pouces de diamètre (0^m 15 à 0^m 25). Il est dur, serré, d'un beau grain, excellent pour la charpente des habitations. C'est d'une variété de cet arbre que les Indiens extraient la cire végétale nommée par eux *Karman* ou *Curi-mani*, dont ils se servent pour ajuster les hameçons de leurs lignes et les cordes de leurs arcs. (*Voir Section C, N° 23.*)
83.—WARI. Coupe transversale de son bois. De même provenance. Bois rare, dur, serré, plutôt bon que beau; les Indiens en font un cas particulier pour les canots.
84.—BARRADANI. De même provenance. Bois léger, à grain peu serré. Il offre quelque ressemblance avec le bois de cèdre.

85.—MARIWAYANA OU PURPLEHEART. A. Tranche de son bois. B. Coupe transversale. De même provenance. Ces spécimens proviennent d'un arbre de moyenne grandeur; ils montrent mieux que celui du N° 43, la riche couleur pourpre de ce bois.

86.—SIRABULIBALLY. A. Tranche de son bois. De même provenance. L'arbre est de petite taille; mais, le bois, dur et compacte, est excellent comme bois d'œuvre.

87.—SIMERI OU LOCUST-TREE, ARBRE AUX SAUTERELLES. Coupe transversale de son bois. De même provenance. (Voir N° 14.)

88.—SURADANI. Tranche de son bois. De même provenance. Ce spécimen permet, beaucoup mieux que celui du N° 25, de juger de la beauté de ce bois.

89.—TALLI BATARD. De même provenance. Bois léger, à grain peu serré, semblable au hya-hya du N° 72.

90.—WAMARA OU BROWN EBONI, ÉBÈNE BRUN. Tranche de ce bois. De même provenance. Bois dur, à grain croisé, peu sujet à se fendre, propre pour cette raison aux constrctions navales. C'est aussi l'un des bois les plus précieux de la colonie; on en fait de fort beaux meubles. Sir Robert SCHOMBURGK en parle comme d'un arbre rare, de grandes dimensions; mais on ne se sert que du cœur, d'un brun foncé, souvent marbré. Les Indiens le préfèrent à tout autre pour leurs massues (casse-tête), en raison de sa dureté et de sa pesanteur. On en peut avoir des billes de 6 à 12 pouces d'écarrissage (0^m 15 à 0^m 30), et de 20 à 40 pieds de long (6 à 12^m).

91.—YAWARRIDANI. Tranche de son bois. De même provenance. Bois très léger, mais d'un grain très égal.

92.—KUKAHARA. De même provenance. Bois rare, dur, d'un grain très égal.

93.—BARARARA. A. Tranche de son bois. B. Coupe transversale. De même provenance. Ces spécimens proviennent d'un jeune arbre. (Voir N° 10.)

94.—GREENHEART BATARD. Tranche de son bois. De même provenance. Bois dur, à grain serré. Provenant d'un jeune arbre.

95.—CULISERI, VARIETE BLANCHE. A. Tranche de son bois. B. Coupe transversale. De même provenance. Bois léger.

96.—HATTIBALLI. Coupe transversale de son bois. De même provenance.

97.—WARRINAMI. De même provenance. Bois très léger.

98.—COOPA. Coupe transversale de son bois. De même provenance. (Voir N° 39.)

99.—YARURI, MASSARA OU PADDLE-VOOD (*Aspidosperma excelsum*, Beuth.) De même provenance. Le tronc de cet arbre, s'élève à 50 pieds (15^m) avant de se ramifier, et dont le diamètre est de 5 à 6 pieds (1^m 50 à 1^m 80), est singulièrement cannelé ou sillonné; il ressemble à un faisceau, formé de nombreuses tiges sarmenteuses réunies, ou bien au fût d'une colonne gothique cannelée. C'est avec les protubérances aplaties de la partie inférieure du tronc, que les Indiens font leurs rames et les manches de leurs haches. Le bois, léger et élastique, est en même temps dur et très fort ; on le préfère à tout autre pour les rouleaux à préparer le coton. Il serait, de même, excellent pour les roues à palettes des navires à vapeur.

100.—PALMIER ACUYURU OU ACUYURI. (*Asteocaryum aculeatum*, Meyer.) Coupe transversale de son bois. De même provenance. Le tronc de ce palmier, qui croit à la hauteur de 60 à 70 pieds (18 à 21m), est couvert de longues épines. La partie ligneuse du tronc est solide ; elle prend un beau poli ; elle est employée pour l'ébénisterie fine ; on en fait aussi des cannes, etc. Le fruit, à peu près gros comme un œuf de poule, renferme une semence volumineuse, recouverte d'une pulpe, dont on extrait une huile d'un beau jaune. Le fruit et son huile sont l'un et l'autre comestibles.

101.—SIPIRI, HIBIRU GREENHEART, VARIETE JAUNE. (*Nectandra Rodiœi*, Schomb.) Coupe transversale de son bois. Des bords de la rivière Masaruni. Exposé par A. BUCHANAN. Cet arbre se rencontre en grand nombre jusqu'à la distance de 100 milles des côtes (166 kilom.) On peut en avoir des billes sans nœuds, de 18 à 24 pouces d'écarrissage (0m 45 à 0m 60), sur 60 à 70 pieds de long (18 à 21m). Le bois fin, d'un grain uni, très dur, est parfaitement approprié aux planches de navires, charpentes de maisons, de ponts, et autres destinations semblables, pour lesquelles un bois solide et durable est nécessaire. Comme il n'a pas de rival, pour la résistance aux forces de tension et de compression, il est admirable pour les constructions navales. Sa supériorité a été constatée au Lloyd ; il est avec le mora (*N*° 12), au rang des 8 meilleurs bois de marine.

102.—Idem. *Variété noire*. (*Voir aussi Section C, N*os *32 et 35.*) Coupe transversale. Ce bois est employé pour les mêmes usages que le Greenheart jaune, mais il est beaucoup plus durable. C'est un excellent bois qui prend un beau poli. Sa couleur seule le distingue du Greenheart ordinaire ; mais, il est si rare en proportion du brun et du jaune, que sur 20 arbres abattus, à peine, s'en trouve-t-il un de cette variété. Ses propriétés durables bien connues sont cause que ce bois est très recherché ; on le préfère à tout autre pour les ailes de moulins à vent, et en général pour tout ce qui dépend des moulins. L'exposant présente l'observation suivante sur les spécimens des *N*os 101 et 102 : « Il y a deux variétés : l'une noire, l'autre jaune, du bois nommé *Biribu* par les Arawaak et les Warrau, et *Siripi* par les Caribi. Le noir, vraiment noir sans mélange d'autres nuances, est très rare, le jaune est plus commun, mais le mélange de ces deux couleurs est encore plus fréquent, et il est rare que le jaune soit exempt de quelques veines noires. Plus le bois se rapproche de la variété noire pure, meilleur il est sous tous les rapports. Les spécimens exposés sont aussi exempts de tache que possible. Ils sont pris près du sommet d'un arbre parvenu à toute sa croissance, à 40 pieds du sol (12 mètres). »

103.—CUAMARA OU TONKA. (*Dipteryx odorata. Wild.*) De même provenance. Cet arbre est assez rare dans la colonie. On en peut avoir des billes de 40 à 50 pieds de long (12 à 15 mètres) et de 18 à 20 pouces d'écarrissage (0^m 45 à 0^m 50). Il est dur, solide et éminemment durable ; on dit qu'une pièce de ce bois, d'un pouce d'écarrissage (250 millimètres), peut porter 100 livres (42 kilog.) de plus que n'importe quel autre bois de la Guyane Britannique, des mêmes dimensions. Il est donc mieux approprié que tout autre aux ouvrages qui doivent résister à une forte pression. On en fait des arbres et des roues de moulin. L'arbre produit la fève bien connue sous le nom de Tonka.

104.—HAIAWABALLI OU HYAWABALLI. (*Ompholobium Lamberti, Dec.*) Exposé par ANDRÉ HUNTER, de Georgetown. Cet arbre n'est pas commun. Son bois connu sous le nom de Zébra, *Zebra-wood*, est très recherché pour l'ébénisterie, en raison de sa beauté ; il se travaille facilement. L'arbre est de grande taille ; mais le cœur a rarement plus de 10 à 12 pouces d'écarrissage (0^m 20 à 0^m 25).

105.—DUCALIBALLI. Du même exposant. Arbre de grande taille, mais rare. On peut en avoir des billes de 40 pieds de long (12 mètres) ; mais son diamètre dépasse rarement 20 pouces (0^m 50). Son bois est d'un grain serré, d'un rouge foncé, plus égal et plus compacte que le *Mahony* (*Acajou*) ; il prend un très beau poli. Il est pour cette raison, comme le Ducaballi (*N° 52*), très recherché pour les ouvrages au tour et la marqueterie. Il ressemble tellement au bois nommé *Beef-wood du Brésil*, que probablement, les deux ne font qu'un.

106.—TEBACUSIE, TIBICUSI, OU LETTER-WOOD BATARD. Du même exposant. Le bois de cet arbre n'est pas aussi beau que celui du vrai *Letter-wood*, mais il est aussi solide et aussi durable.

107.—LOGWOOD. (*Hœmatoxylon campêchianum, Lin.*) Du même exposant.

108.—BUCALIBALLI. Variété quelquefois désignée sous le nom de *Blood-Wood*, bois de sang. Exposé par le comité exécutif de la Guyane Britannique. (*Voir N° 105.*)

109.—CARTAN.— De la rivière Démérary. Exposé par THOMAS FAUSET. Bois très rare, d'une riche nuance orangée semblable à du sapin, quant au grain, mais beaucoup plus dur et plus pesant. On suppose que ce bois appartient à l'arbre désigné par SCHOMBURGK sous les noms de *Cartan-Ych* des Indiens Macusi, *Pao da Rainha* des Brésiliens

(*Centrolobium robustum, Mart.*) Cet arbre paraît cantonné dans les savanes du voisinage des rivières Rupununi, Takutu et Branco. Le nom Brésilien est tiré de la couleur rouge du bois qui ressemble au bois de Brésil ou de Fernambouc, auquel s'applique le même surnom (*Bois de la Reine*). L'arbre croît à la hauteur de 80 à 100 pieds (24 à 30 mètres). Son riche coloris et la facilité avec laquelle il se travaille lui promettent une grande faveur pour les ouvrages d'ébénisterie. Durant le séjour de Schomburgk à Pirara, il en avait fait des tables provisoires ; les grandes dimensions des planches de ce bois avaient engagé le commandant-militaire du district à en construire un pont temporaire sur la rivière. Les feuilles du *Cartan* sont pinnées avec impaire ; les fleurs sont papillonnacées ; le fruit est une capsule épineuse dont l'aile peut avoir 4 à 5 pouces de long (0^m 10 à 0^m 12). (*Annales et magasin d'histoire naturelle. Octobre* 1852. *Page* 299.)

110.—YARURI. De la rivière Berbice. Exposé par T.-B. Duggin. (*Voir N°* 99.)

111.—TABLE, dont le dessus montre 121 spécimens de 34 espèces de bois de la colonie. Le support est de *Bois Zébré.* (*Voir N°* 104.) Exposée par John Watson, de Georgetown. Les N^{os} placés après les noms indiquent la position des différents spécimens, sur un dessin qui accompagne la table, en commençant sur le dessus de table par le premier rang, et en suivant de gauche à droite.
    1. Hackia. 1, 37, 75.
    2. Ducaliballi. 2, 73, 80, 96.
    3. Oranger. 3, 16, 21.
    4. Banya. 4, 36, 52, 84.
    5. Yaruri. 5, 77, 81.
    6. Purpleheart. 6, 29, 60, 66, 74, 100.
    7. Liquorice. 7, 46.
    8. Sea-Side-grape (*Raisin maritime*). 8, 13, 40, 48, 85, 99.
    9. Bois Zébré. 6, 9, 63, 70, 79, 113.
    10. Stirikibouraballi. 10, 43, 53, 58, 62.
    11. Ducaballi. 11, 90, 98.
    12. Aramata. 12, 69, 108.
    13. Hacka ou *Lignum vitœe*. 14, 39, 59, 65, 112.
    14. Sapodilla. 15, 32, 54.
    15. Fèvier-Tonka. 17, 42, 67, 104.
    16. Star-Apple (*pomme-étoile*). 18, 31, 100, 105.
    17. Cerisier. 19, 79, 102, 115.
    18. Mammee. 20, 45, 93, 114, 117.
    19. Oranger sauvage. 22, 25, 91.
    20. Crabwood. 23.
    21. Lana. 24, 55, 107.
    22. Fustic. 26, 44, 86, 110.
    23. Cartan 27, 41, 95.

24. Tamarinier. 28, 83, 88, 120.
25. Tebacusie. 30, 49, 68, 94, 106.
26. Buttonwood. 33.
27. Léopardwood. 34, 38, 71, 99, 106.
28. Souari. 35, 79, 101.
29. Bois de rose de la Guyane. 47, 51, 87, 89, 111.
30. Houbaballi. 50, 76, 82, 109.
31. Pommier de Singe. 56, 119.
32. Noyer Physique. 57.
33. Uriballi. 64, 72, 118.
34. Simeri ou arbre aux sauterelles. 121.

Section E.

Objets fabriqués par les Indiens, et articles divers.

1.—BUCK-HOUSE, modèle d'une hutte d'Indiens Arawaak des bords de la rivière Pomeroon. Exposé par le Comité exécutif de la Guyane Britannique. Cette hutte renferme des modèles de tous les ustensiles à l'usage des Indiens Arawaak, savoir :
   1. Moosay ou massue de guerre (casse-tête).
   2. Matapi, presse pour préparer la cassave.
   3. Arcs et flèches.
   4. Lignes pour la pêche.
   5. Shaak-shaak, ou fouet.
   6. Fouets maquari, en usage dans les danses funèbres.
   7. Hamacs avec personnages (Indiens).
   8. Coriala ou corials, canots.
   9. Nahloe, avirons, pagaie.
   10. Pagala ou pegalls.
   11. Bancs.
   12. Shaak-shaak maquari, en usage dans les danses funèbres.
   13. Auge pour préparer la cassave.
   14. Etami, crible ou tamis pour passer la cassave.
   15. Quaick, ou panier.
   16. Plaque pour faire cuire le pain de cassave.
   17. Maswa, ou piége à poisson (nasse).
   18. Tucuwari ou goglets, vases à conserver l'eau.
   19. Dawadda, ou pots.
   20. Plats.
   21. Peaux d'oiseaux.
   22. Warri-warri, ou éventails.
2.—Idem. Cette hutte renferme des modèles de tous les ustensiles à l'usage des Indiens Caribi (Caraïbes), savoir :
   1. Matapi.
   2. Arc et flèches.
   3. Shaak-shaak.

4. Massue de guerre (casse-tête).
5. Awiarri, ou flûte.
6. Hamacs avec personnages (Indiens).
7. Corials, ou canots; pagaies.
8. Pagallas, ou pegalls.
9. Bancs.
10 Etami, ou crible.
11. Quaicks, ou paniers.
12. Paniers pour serrer le pain de cassave.
13. Auge à préparer la cassave.
14. Plaque pour cuire le pain de cassave.
15. Simarri, ou râpe pour la cassave.
16. Sauriana, caisse pour serrer le hamac.
17. Goglets.
18. Pots avec leurs couvercles.
19. Plats.
20. Roseaux pour flèches.
21. Ustensiles de cuisine.
22. Mâts pour canots.
23. Eventails.
24. Calebasse renfermant des couleurs pour peindre le visage.

3.—TAMBOUR DES INDIENS CARIBISI. De même provenance.
4.—Idem. Idem.
5.—PAGALLA ou PEGALLS, filets au nombre de 12. De même provenance. Fabriqués par les Indiens Arawaak, avec l'iturite, navette de roseau.
6.—Idem. Dix filets semblables, de même provenance.
7.—Idem. Dix filets semblables, de même provenance.
8.—HAMAC fabriqué avec du coton. Des bords de la rivière Pomeroon. Exposé par W. H. CAMPBELL. Ce hamac est fait avec le coton sauvage de l'intérieur de la colonie, dont sir R. SCHOMBURGK, dans sa description de la Guyane Britannique, parle comme d'un coton remarquable par la longueur de sa fibre, son aspect soyeux et son excellente qualité. Les hamacs complets faits de ce coton obtiennent un prix trois ou quatre fois supérieur à celui des hamacs fabriqués en Angleterre.
9.—Idem. Fabriqué par les Indiens Accawai. Exposé par le Comité exécutif de la Guyane Britannique.
10.—Idem. Fait de fibre de palmier ita (*Mauritia flexuosa*, Lin.), par les Indiens Arawaak. De même provenance.
11.—Idem. Fabriqué par les Indiens Warrau. De même provenance.
12.—Idem. Fait par les femmes de la tribu de Warrau.
13.—Idem. Dit *Wemsepie*, fait par les femmes de la tribu Arawaak, pour porter leurs enfants, en les suspendant sur l'épaule gauche. De même provenance.
14.—Idem. Fait par les femmes de la tribu Warrau. Exposé par W.-H. Campbell.
15.—5 HAMACS. Du même exposant.

16.—Idem. Fabriqué avec du coton, servant aux femmes Caribi à porter leurs enfants.
17.— A l'usage des femmes Accawai. Exposé par le comité exécutif de la Guyane Britannique.
18.—CHEMISE DE WOODSKIN. Faite de l'écorce intérieure du cumakaballi, par les femmes des Indiens Maingong. Exposée par W.-H. Campbell.
19.—FILET DE PÊCHE, FAIT DE FIBRE DE SILK-GRASS, HERBE DE SOIE. (*Voir Section B, N° 23.*) De la crique Marronca, Essequebo. Exposé par le comité exécutif de la Guyane Britannique.
20.—MASWA, PIEGE A POISSONS (Nasse). Fait par les Indiens Accawai. Des bords de la rivière Pomeroon. Du même exposant.
21.—SURIANA OU CAISSE A SERRER LE HAMAC. Faite d'un roseau articulé, dit moucourou. Des bords de la rivière Démérary. Du même exposant.
22.—ETAMI OU CRIBLE INDIEN. Fait de moucourou, de petites dimensions. Des bords de la rivière Pomeroon. Du même exposant.
23.—WALLAMBA, WARRANBI OU CRIBLE INDIEN. Fait par les Indiens Maingong. Des bords de la rivière Waini. Du même exposant.
24.—MATUTI, CRIBLÉ INDIEN. Pour la cassave pressée et convertie en farine. Des bords de la rivière Pomeroon. Du même exposant.
25.—PAGALA OU PEGALL. De même provenance.
26.—17 POCHES OU BOURSES. (*Nest.*) De pegall. Des bords de la rivière de Pomeroon. Exposé par J.-T. GILBERT.
27.—Idem. Exposé par George Ross. De la plantation de *Rainveld*.
28.—Idem. Fait par les Indiens Warrau. Des bords de la rivière Pomeroon. Exposé par le comité exécutif de la Guyane Britannique.
29.—Idem. De même provenance.
30.—Idem. Renfermant 3 boîtes à cigares, faites par les Indiens Arawaak. De même provenance.
31.—Idem. 8 bourses à renfermer des lettres, faites par les Warrau. De même provenance.
32.—Idem. 2 bourses, faites par les Indiens Arawaak. De même provenance.
33.—BOITES A CIGARES. Des bords de la rivière Pomeroon. Exposées par GEORGE DENNIS.
34.—Idem. 5 boîtes semblables. De même provenance. Exposées par le comité exécutif de la Guyane.
35.—10 WARRI-WARRI OU EVENTAILS. Faits de feuilles de palmier aeuyuru (*Section D, N° 100*), par les Indiens Arawaak. De même provenance.
36.—4 EVENTAILS. Des bords de la rivière Pomeroon. Exposés par J.-T. GILBERT.
37.—SARBACANE ET CARQUOIS AVEC FLECHES. De même pro-

venance. Exposés par le comité exécutif de la Guyane Britannique. La sarbacane consiste en deux tubes, l'un intérieur, l'autre extérieur. Ce dernier, comme dans le spécimen exposé, est quelquefois revêtu, à titre d'ornement, d'un ouvrage de filet ou pegall, ingénieusement travaillé. Le tube intérieur est un simple entre-nœud d'un roseau (*Arundinaria Schomburgkii Benth.*) Ces entrenœuds ont quelquefois jusqu'à 16 pieds de long (4^m 80). Le trait, introduit dans le tube, est garni de coton par son extrémité émoussée; on retient sa respiration, et le trait est lancé par une expiration subite. Le carquois a, pour accompagnement ordinaire, une mâchoire de poisson; on s'en sert pour couper, en partie, la pointe du trait empoisonné, de sorte que cette portion du trait se brise et reste dans la blessure. Cette demi-section s'opère en faisant tourner rapidement le trait entre les dents, dont est armée la mâchoire de poisson employée à cet effet.

38.—Idem. De même provenance. Exposés par J.-T. GILBERT.

39.—ARCS ET FLÈCHES. Des bords de la rivière Masurini. Exposés par J.-L. Barrow.

40.—3 ARCS DE WASHIBA. Des bords de la rivière Pomeroon. Exposés par le comité exécutif de la Guyane Britannique. Le bois dont sont faits ces arcs, est à-la-fois dur et très élastique, les Indiens le préfèrent à tout autre; on en a envoyé en Angleterre, et il a été trouvé parfait par cette destination spéciale.

41.—ARC DE TEBACUSIE OU LETTERWOOD BATARD. (*Section D, N° 106.*) De même provenance.

42.—48 FLÈCHES. De même provenance. C'est un assortiment très complet où l'on voit tous les genres de flèches dont les Indiens se servent pour chasser et pour tirer le poisson. Ces traits portent des noms différents, savoir : *Wiawakasi*, pour tirer le poisson et le ladda; *Attum*, pour le ladda; *Sarapa*, pour le poisson; et *Assetaha*, pour chasser les oiseaux.

43.—WAR CLUB. Massue de guerre, employée par les Indiens Caribi. De même provenance. Ces massues sont faites ordinairement de bois de *Banya* ou d'ébène (*Section D, N° 5*), et d'un autre bois d'une dureté peu commune, nommé hucouya ou bois de fer.

44.—Idem. Exposé par Arnott, de Georgetown.

45.—2 MASSUES A L'USAGE DES INDIENS WARRAU. Des bords de la rivière Pomeroon. Exposées par le comité exécutif de la Guyane Britannique.

46.—6 MASSUES. De même provenance. Exposées par J.-T. GILBERT.

47.—2 FOUETS MAQUARI, FAITS D'HERBE DE SOIE. (*Silk grass*) ET DE FIBRE DU PALMIER, ITA. (*Voir Section B, N°s 23 et 46.*) De même provenance. Exposés par le comité exécutif de la Guyane Britannique. Les Indiens Arawaak s'en servent pour leur grande *maquari* ou danse funèbre.

Cette danse est une sorte de combat singulier pour montrer jusqu'où la souffrance peut être supportée. L'un des combattants se tient ferme sur une jambe, l'autre jambe tendue en avant. Son adversaire frappe cette jambe de son fouet, s'arrêtant et sautant à chaque coup pour en augmenter la violence, jusqu'à ce que les coups ne puissent plus être endurés. Mais, auparavant, la jambe frappée est entamée et couverte de sang. Alors les rôles changent ; le fouetteur devient le fouetté à son tour.

48.—Idem. Fait de racines de kakaralli. (*Section D, N° 6.*) Garni d'ornements de pegall. De même provenance.

49.—VANDOLA. Instrument de musique, usité chez les Indiens Arawaak. De même provenance.

50.—3 BATONS, DITS MUDE STICKS. De même provenance. Employés par les Indiens pour produire du feu en les frottant l'un contre l'autre.

51.—BONNETS. Faits avec le spathe qui enferme, avant leur développement, les fleurs du palmier troolie. (*Manicaria Saccifera, Gaert.*) De même provenance. Exposés par GEORGE DENNIS. Pour fabriquer ces bonnets, le spathe de palmier est plongé dans l'eau, après quoi il peut se distendre pour prendre la forme et la grandeur voulues.

52.—AROKA, YARRAKOOM OU COIFFURE INDIENNE. Faite d'osier tressé et de plumes de perroquet. Exposée par George MORISON, de Georgetown.

53.—7 COSTUMES COMPLETS DE FEMMES INDIENNES. Faits d'écorce de cuyama. (*Section C, N° 90.*) Des bords de la rivière Pomeroon. Exposés par le comité exécutif de la Guyane Britannique.

54.—2 COSTUMES COMPLETS, DITS QUEU. Des femmes de la tribu Arawaak. De même provenance.

55.—Idem. Des femmes de la tribu Accawai. De même provenance.

56.—ANKLETS. Petites chevilles faites des coquilles de la noix du seben, travaillées par les femmes Arawaak, et formant, pendant leurs danses, la partie principale de leur parure. De même provenance.

57.—COLLIER DE DÉFENSES DE PECCARI, OU PORC DU MÉXIQUE. (*Dicotyles labiatus, Lin.*) Travaillé par les Indiens Caribi. De même provenance.

58.—COLLIER DE GRAINES. Travaillé par les Indiens. De même provenance.

59.—AWIARI OU FLUTE INDIENNE. Faite de bambou ; ornée d'élytres d'insectes coléoptères.

60.—MARACA OU GOURDE MAGIQUE. Faite et employée par les Indiens Arawaak et Caribi, lesquels, étant très superstitieux, s'imaginent que si l'un de leurs *Piai-man* ou sorciers, agite la Maraca sur un malade, en chantant une invocation aux esprits, qu'ils nomment *Yahahas*, la guérison du malade est assurée. De même provenance.

61.—CAOUTCHOUC. Balles de cette substance faites par les Indiens. De même provenance.
62.—WINNA OU ENVELOPPES POUR LES CIGARES. Faites du spathe du palmier Manicole. (*Areca, Manicot, Lod.*) Des bords de la rivière Berbice. Exposées par T. B. Duggin.
63.—2 HAHAS OU BOUCLIERS. Faits de bois de palmier Ita. Des bords de la rivière Pomeroon. Exposés par le comité exécutif de la Guyane Britannique. Sir R. Schomburgk dit à ce sujet : « Tandis que je résidais chez la tribu des Indiens Warrau, j'avais beaucoup entendu parler d'un de leurs jeux auquel ils s'exercent dans leurs fêtes principales ; j'eus la satisfaction d'y assister. Il se joue par groupes de deux contre deux ; les combattants, peints et costumés de façon à les distinguer du reste de leur tribu, montrent leur adresse athlétique en cherchant à se pousser réciproquement en dehors d'un espace déterminé, au moyen du *Haha*, qui ressemble à un bouclier. Cette lutte nous parut être un passe-temps inoffensif, qui permet aux lutteurs de déployer l'agilité de leurs membres, et de montrer avec tous leurs avantages leur vigueur musculaire et leurs belles proportions.
65.—WOODSKIN OU ADADA. Sorte de canot indien fait de l'écorce du purpleheart (*Section D, N° 43*). De même provenance. On construit ordinairement les woodskins avec deux pièces de bois cylindriques dont l'extrémité est évidée. Les Indiens se servent principalement des woodskins sur les criques et les petites rivières ; mais ils s'en servent fréquemment aussi pour descendre ou, comme on dit, franchir les rapides en toute sécurité.
66.—Idem. Des bords du Démérary. Exposé par Thomas Fauset.
67.—LIGNE A PECHER, DE YARI-YARI, OU LANCEWOOD JAUNE. (*Section D, N° 45.*) Des bords de la rivière Berbice. Exposé par T. B. Duggin.
68.—TORCHES INDIENNES. Faites de Moraballi. (*Section D, N° 81.*) De même provenance.
69.—BUCK-POT. Fait par les femmes Caribi. Des bords de la rivière Pomeroon. Exposé par le comité exécutif de la Guyane Britannique. Ce vase est un spécimen de la poterie des naturels. Il résiste à l'action du feu, c'est dans ce vase qu'on prépare le pepper-pot, mets favori des Indiens. L'argile employée pour cette poterie est d'une qualité particulière ; on la trouve près des bords des rivières, sur plusieurs points de la colonie.
70.—Idem. De même provenance.
71.—Idem. Idem.
72.—Idem. Idem.
73.—Idem. Des bords de l'Essequebo. Exposé par Sophia F. Macquitton.
74.—GOGLETS OU BOUTEILLES A EAU (Carafes). Faites par les femmes Caribi. Des bords de la rivière Pomeroon. Expo-

sées par le comité exécutif de la Guyane Britannique. Ces vases, très poreux, rafraîchissent leur contenu par évaporation.

75.—3 BOWLS. Faits de même matière. De même provenance.

76.—Idem. Supposé fabriqué par les Indiens Macusi. Exposé par George Ross, de l'habitation du *Rainveld*.

77.—MANCHE DE RASOIR. Fait de bois Greenheart altéré. Des bords de la rivière Démérary. Exposé par George Couchman.

78.—PANIER orné de graines de Mimosa (*Desmanthus Virgatus, Wild.*) et BRACELET de semences de Soapberry (*Sapindus Saponaria, Lin.*) Exposés par Mistriss Knowles, de Georgetown.

79.—BRACELET DE JOB'S TEARS, graines du *Coïx Lachryma, Lin.* Exposé par Miss Ross, de l'habitation du *Rainveld*.

80.—Idem. De graines de la *fleur de quatre heures* (*Mirabilis Dichotoma, Lin.*) Exposé par Miss Ross de *Rainveld*.

81.—BALAI fait de folioles de cocotier. De la plantation *Kitty*. Exposé par John Kennedy.

82.—SCRUBLING-BRUSH, BROSSE RUDE, faite de fibres de noix de coco. De même provenance. La fibre extérieure de la noix de coco est très usitée dans la colonie pour nettoyer les appartements. La noix doit être mûre ou à peu près. On retranche avec une scie environ un tiers de la noix sciée transversalement; puis, au moyen d'un instrument approprié à cet usage, on enlève de la coquille ligneuse intérieure, un anneau d'environ un pouce de large (0^m 025). On fixe à la partie supérieure de la noix, un manche dont la longueur et l'angle de jonction se règlent d'après l'usage qu'on se propose de faire de la brosse. Pour être fixé solidement, le manche doit percer la coquille dure de la noix de coco, et sa pointe doit ressortir du côté opposé. De cette manière, les fibres rencontrent le plancher dans une position verticale. La brosse de noix de coco ainsi faite rend autant de services et dure aussi longtemps qu'une brosse rude de crin ou de baleine effilée. — Les détails qui précèdent sont puisés dans les notes inédites de feu le docteur Shier.

83.—TORCHE INDIENNE. Faite de fibre végétale imprégnée et enveloppée de cire d'abeilles. Des bords de la rivière Berbice. Exposée par T. B. Duggin.

84.—MATAPI OU PRESSE A CASSAVE. Faite de roseau Moucourou. Exposée par David Shier, de Georgetown. Les Indiens s'en servent pour exprimer le jus de la cassave râpée. Avant de la remplir, on la comprime pour la raccourcir le plus possible, en augmentant son diamètre. Alors elle est remplie et suspendue à une poutre; puis, on fixe à sa partie inférieure un levier le long duquel agit un poids qui force le Matapi à s'allonger. Le changement de forme tend à diminuer le volume cube de la capacité intérieure du Matapi; lorsqu'il est étiré à la plus grande longueur pos-

sible, cette capacité est diminuée d'environ un tiers ; de là, la propriété qu'il possède d'agir comme une presse.
85.—VUES DE SCHOMBURGK SUR LA GUYANE BRITANNIQUE, faisant connaître la vie des naturels, avec des aspects de l'intérieur du pays. Exposées par le comité exécutif de la Guyane Britannique.

Section F.

Objets d'Histoire Naturelle.

1.—SEMENCES DE PALMIER AWARA. (*Voir Section D, N° 49.*) Des bords de la rivière Berbice. Exposées par T.-B. Duggin.
2.—SEMENCES DE PALMIER ITA. (*Maurita flexuosa, Lin.*) (*Voir Section D, N° 46.*) De même provenance.
3.—SEMENCES DE PALMIER CUCURIT. (*Maximiliana Regia, Mart.*) (*Voir Section D, N° 48.*) De même provenance.
4.—SEMENCES DE PALMIER MANICOLE. (*Areca Manicot, Lod.*) (*Voir Section E, N° 62.*) De même provenance.
5.—Idem. Rachis du même palmier. De la crique Canje, Berbice. Exposé par George Dennis.
6.—Idem. Des bords de la rivière Berbice. Exposé par T.-B. Duggin.
7.—SPATHE DE PALMIER TROOLIE (*Manicaria Succifera, Gaert.*)
8.—Idem. Renfermant des fleurs en boutons. De même provenance.
9.—CAPSULES A GRAINES DU WADADURI OU MONKEY-POT, POT DE SINGE. De même provenance. Ces capsules vraiment singulières sont le péricarpe du *Lecythis grandiflora, Aubl.* (*Voir Section D, N° 44.*) Elles renferment un grand nombre de semences oléagineuses, plus grosses que des amandes, et dont les Indiens font grand cas. Dans le spécimen exposé, le couvercle (*opercule*) qui fermait l'ouverture du péricarpe est tombé, et les graines se sont échappées.
10.—GRAINES DE KURUKUKURU. Des bords de la rivière Berbice. Exposées par T.-B. Duggin. Elles proviennent d'un grand arbre très abondant, dont le bois d'un jaune pâle est employé à faire des caisses.
11.—SILIQUES ET GRAINES DE WALLABA. (*Eperna Falcatu, Aubl.*) (*Voir Section D, N° 4.*) De même provenance.
12.—FEVES TONKA. Des bords de la rivière Pomeroon. Exposées par le comité exécutif de la Guyane Britannique. Cette fève est le fruit du *Dipterix odorata, Wild.* (*Section D, N° 103.*) Employées principalement pour parfumer le tabac à priser.
13.—Idem. Exposées par R.-J. Knowles, de Georgetown.
14.—SEMENCES D'UNE LEGUMINEUSE GRIMPANTE, dont on assure que les fleurs sont bleues et fort belles. Des bords de la rivière Berbice. Exposées par T.-B Duggin.

15.—HARICOT DE LIMA OU DE SEPT ANS (*Phascolus perennis Walt.*) De même provenance.
16.—CASHEW. (*Anacardium occidentale, Lin.*) Noix et graines de cette plante. De même provenance. Le brou de cette noix contient en abondance une huile épaisse, caustique, qui étant appliquée sur la peau y fait naitre des ampoules. La vapeur de cette huile, lorsqu'on fait torréfier les semences, produit une violente inflammation de la membrane muqueuse. Les semences grillées sont considérées comme supérieures à la châtaigne ; les mêmes, blanchies dans l'eau, sont douces commes des amandes ; on les emploie en émulsion.
17.—SHOT DES INDIENS OU BUCK-SHOT. De la plantation *Klein Pouderoyen*. Exposé par A.-D. VANDER GON NETSCHER. C'est la graine d'une espèce indéterminée du genre *Conna*, attribuée aux *Canna Coccinea, lutea, occidentalis* et *Achéras*. Les Indiens l'emploient à divers usages. On extrait des rhizômes de cette plante la fécule *tous-les-mois* du commerce. Elle croît partout à l'état sauvage dans la colonie, où sa culture pourrait prendre une extension illimitée.
18.—Idem. Graines dans leurs siliques. Des bords de la rivière Pomeroon. Exposées par le comité exécutif de la Guyanne Britannique.
19.—SEMENCES D'ARARA OU PUMP-WOOD, BOIS-POMPE. De même provenance. La décoction de ces graines pulvérisées, passe chez les Indiens pour un médicament astringent.
20.—SEMENCES D'ACURUWATI. De même provenance. La plante qui produit ces semences passe pour riche en tanin ; le suc de *Curawati-juice* est employé comme encre. (*Voir Section C, N° 13.*)
21.—SEMENCES DE FLOWER-FENCE. (*Poincinia pulcherrina, Lin.*) De même provenance.
22.—SILIQUES DE GRAINES DE LILAS WAKENAAM. (*Jacaranda Bahamensis, G. Br.*) Exposées par GEORGE DENNIS, de Georgetown.
23.—SEMENCES D'HIBISCUS MUSQUÉ. (*Abelmoschus moschatus, W. et A.*) De la plantation *Ranveld*. Exposées par GEORGE ROSS.
24.—SEMENCES DE SAND-BOX TREE, BUIS DES SABLES. (*Hura Crepitans, Lin.*) De la plantation *Klein Pouderoyen*. Exposées par A.-D. Vander Gon Netscher. Ces graines sont un purgatif drastique ; elles contiennent une huile très limpide.
25.—CAPSULES ET GRAINES *de la plante qui donne l'huile de Castor, Ricin* ou *Palma Cristi*. (*Ricinus communis, Lin.*) De même provenance. Cette plante croît partout en abondance, à l'état sauvage, sur le territoire de la colonie ; elle produit une huile médicinale bien connue.

26.—Idem. Exposées par R.-J. Knowles, de Georgetown.
27.—SEMENCES DE L'ARBRE A LA NOIX DE SERPENT. (*Ophiocarpon paradoxum, Schomb.*) Exposées par Miss H. Ross, de Georgetown. Cet arbre doit son nom à la forme particulière de l'embryon de sa graine, qui représente un serpent.
28.—SEMENCES D'ARNATTO. (*Bixa orellana, Lin.*) (*Voir Section C*, N° 29.) De la plantation *Rainveld*. Exposées par George Ross.
29.—JOBS-TEARS, LARMES DE JOB. Exposées par R.-J. Knowles, de Georgetown. Cette graine, de forme toute particulière, appartient à une plante herbacée ; c'est la semence du *Coix Lachryma, Lin.* On l'emploie à la Guyane pour faire des bracelets, des colliers, et d'autres objets de parure.
30.—SEMENCES D'HARACARA. Des bords de la rivière Pomeroon. Exposées par le comité exécutif de la Guyane Britannique. Ce sont les grains de l'*Erythrina Corallodendron, Lin.* On en fait des chapelets et divers objets de parure. (*Voir Section D, N°s 1 et 93.*)
31.—Idem. De même provenance.
32.—Idem. Exposées par R.-J. Knowles, de Georgetown.
33.—SEMENCES DE MIMOSA. (*Desmanthus Virgatus, Wild.*) Du même exposant.
34.—SEMENCES DE SOAP-BERRY TREE, *l'arbre aux baies de savon*. De la plantation *Rainveld*. Exposées par George Ross. C'est le fruit du *Sapindus Saponaria, Lin.* On en fait des bracelets, des colliers et divers objets de parure. Ces graines, à l'état frais, ont une épaisse enveloppe charnue, qui se délaie dans l'eau et la fait mousser ; on l'emploie quelquefois aux Indes Occidentales, en guise de savon. On dit vulgairement que quelques-unes de ces baies peuvent blanchir plus de linge que 60 *fois leur poids* de savon.
35.—SEMENCES DE LIQUORICE. (*Abrus precatorius, Lin.*) Exposées par R.-J. Knowles, de Georgetown.
36.—SEMENCES DE MAHOC. (*Therpesia populnea, Cor., Hibiscus elatus, Lin.*) Des bords de la rivière Démérary. Exposées par Charles Rattray. L'arbuste qui porte ces semences donne une belle fleur rouge, analogue à celle du cotonnier ; il croit naturellement en abondance dans la colonie ; il prend les dimensions d'un arbre, sur les bords des rivières ou dans les terrains humides. Près des rives du Berbice et de la crique Canje, on en voit qui ont 40 pieds de haut (12 mètres). La fibre textile, désignée sous les *N°s 36 à 45, Section B*, s'obtient par macération de l'écorce intérieure des jeunes arbres de cette espèce et de leurs rejetons.
37.—BREAD-NUT, NOIX DE PAIN. (*Artocarpus imisa, Lin.*) Les fleurs de cet arbre sont employées par les Indiens en guise d'amadou.
38.—PLANTE PARASITE. Des bords de la crique Canje. Exposée par

GEORGE DENNIS. On trouve cette plante parasite croissant sur les arbres auxquels elle s'attache en guirlandes et en masses pendantes, qui souvent ont 20 à 30 pieds de long (6 à 9 mètres). Elle paraît cantonnée sur les bords de la crique Canje et des eaux que reçoit cette crique; elle y est connue sous le nom de *Saka-Rair*, *chevelure* ou *perruque Saka*, parce qu'elle croit de préférence sur l'arbre Saka. On la trouve cependant aussi sur d'autres arbres, et quant ellle en a pris complétement possession elle semble en avoir détruit le feuillage. Un arbre au bois souple couvert de cette plante parasite, offre une apparence singulièrement grotesque, surtout quand le vent souffle à travers les masses de verdure suspendues. On se sert de cette plante pour bourrer des coussins et des matelas, après l'avoir préalablement passée à l'eau bouillante pour détruire sa vitalité.

39.—ECORCE DE KAKARALLI. Les couches de cette écorce sont nommées par les Indiens *Winna*. (*Voir Section D, No 6.*) Des bords de la rivière Pomeroon. Exposée par le comité exécutif de la Guyane Britannique.

40.—Idem. Exposée par A. Van HARENCARPEL, de Georgetown.

41.—CHAMPIGNONS de différentes espèces. Exposés par GEORGES DENNIS, de Georgetown.

42.—Idem. Des bords de la rivière Berbice. Exposés par T.-B. DUGGIN.

43.—ECAILLE OU CARAPACE DE GRAND ARMADILLE. (*Dasypus gigas.*) De même provenance.

44.—PEAU DU GREAT ANT-BEAR, GRAND FOURMILLIER. (*Myrmecophaga jubata.*) Exposée par F.-H.-F. Stewart, de Georgetown.

45.—Idem. Spécimen d'un jeune fourmillier. Des bords de la rivière Berbice. Exposé par T.-B. DUGGIN.

46.—PEAU D'UN CERF, DIT CANE-PIECE DEER. (*Cervus Simplicornis ou Cervus campestris.*) Des bords de la rivière Pomeroon. Exposée par le comité exécutif de la Guyane Britannique.

47.—BALLE. Trouvée dans l'estomac d'un peccari *ou porc du Méxique*. (*Dicotyles labiatus.*) Des bords de la crique Canje. Exposée par GEORGE DENNIS.

48.—OEUFS DE MAAM OU TINAMOU. (*Tinamus Brasiliensis ou Tinamus varèigatus.*) Des bords de la rivière Pomeroon. Exposés par le comité exécutif de la Guyane Britannique.

49.—OEUFS D'OISEAU-MOUCHE, HUMMING-BIRD. (*Trochilus Sp.*) Jeune oiseau de même espèce. Des bords de la rivière Berbice. Exposés par T.-B. DUGGIN.

50.—NIDS. Du même oiseau. De même provenance.

51.—LAND CAMOUDI OU BOA CONSTRICTOR. (*Boa cenchris.*) Peau préparée de ce serpent. Des bords de la rivière Pomeroon. Exposée par le comité exécutif de la Guyane Britannique.

52.—CONOCUSHI, KUNUKUSI OU BUSH-MASTER. (*Crotalus mutus.*) De même provenance. Ce serpent, bien qu'il ne soit pas de très grande taille, est le plus venimeux, le plus dangereux et le plus redoutable des serpents de la colonie, attaquant hardiment tous ceux qu'il rencontre.

53.—SERPENT MATAPI. De même provenance.
54.—LAND CAMOUDI OU BOA CONSTRICTOR. De même provenance. (*Voir N° 51.*)
55.—WATTER CAMOUDI OU BOA CONSTRICTOR. (*Boa Scytale.*) De même provenance.
56.—POISSON PORC ÉPIC. Exposé par Miss Manget, de Georgetown.
57.—POISSON-SCIE. (*Pristis antiquorum.*) De la rivière Pomeroon. Exposé par le comité exécutif de la Guyane Britannique.
58.—GUÊPES OU MARAHUNTAS. Nids de ces insectes. Exposés par F.-H.-F. Stewart, de Georgetown.
59.—UNE BOITE D'INSECTES. Des bords de la rivière Pomeroon. Exposée par le comité exécutif de la Guyane Britannique.
60.—UNE BOITE DE PAPILLONS. Des bords de la rivière Pomeroon. Exposée par E.-A. Wallbridge.
61.—CASSIQUE OISEAU MOQUEUR. (*Cassicus Xanthormus ou Cassicus Chrysopterus.*) Nids de cet oiseau. Des bords de la crique Waratilla. Exposés par George Dennis.
62.—SABLE BLANC. De la rivière Démérary. Exposé par H.-H. Jones. Ce sable a été exporté aux Etats-Unis pour la fabrication du verre.
63.—SABLE GRIS. De la rivière Berbice, à environ 200 milles de son embouchure (330 killom.). Exposé par T.B. Duggin.
64.—SABLE ROUGE. De même provenance.
65.—GRANIT. Des bords de la rivière Mazaruni. Exposé par H.-E. Cartwright.
66.—Idem. Avec des veines de quartz. De même provenance.
67.—Idem. De même provenance. Ce sont des spécimens des roches principales du voisinage de la colonie pénale sur la rivière Masaruni ; ces roches sont exploitées par des condamnés ; on en expédie des quantités considérables à la colonie pour l'entretien des routes.
68.—QUARTZ. De même provenance.
69.—Idem. Ayant subi l'influence de l'air extérieur. De même provenance.
70.—ORENLA. Terre que l'on suppose être du feldspath décomposé ; utilisée dans les fabriques de poteries. Des bords de la rivière Démérary. Exposé par George Coucheman.
71.—Idem. De même provenance.
72.—Idem. Des bords de la rivière Berbice. Exposée par T.-B. Duggin.
73.—JASPE. De même provenance.
74.—Idem. Poli par la contact de l'eau. De la rivière Démérary. Exposé par John Pearce.
75.—QUARTZ EN CRISTAUX. De la rivière Démérary. Exposé par R.-J. Knowles.

Les articles suivants appartenant à cette section, ont été reçus trop tard pour être insérés au Catalogue à leurs places respectives.

76.—LARVES d'insectes trouvées dans les graines de palmier cucurit. (*Maximiliana Regia, Mart.*) (*Voir section D, N° 48.*)
77.—BUSHROPE ou LIANE, enroulée autour d'une plante exogène, sur laquelle elle a produit des étranglements et des renflements Exposée par George Dennis, de Georgetown.
79.—CAISSE D'OISEAUX PRÉPARÉS. Exposés par le Comité exécutif de la Guyane Britannique. Cette caisse contient des spécimens de quelques oiseaux très rares, qu'on rencontre dans l'intérieur du pays, savoir :
    1. Humming-bird, oiseau-mouche à queue d'argent. (*Trochilus Leucurus.*)
    2. Idem émeraude. (*Trochilus auritus.*)
    3. Idem à gorge blanche (*T. Mellivorus*), avec son nid.
    4. Idem, idem.
    5. Idem émeraude.
    6. Idem à queue blanche. (*T. Leucurus.*)
    7. Idem individu femelle.
    8. Idem vert.
    9. Idem savanna.
    10. Petit-vert-doré. (*T. Auriculatus.*)
    11. Tanager, à gorge de velours. (*Tanagra violana.*)
    12. Manakin, à gorge jaune. (*Pipra auracapilla.*)
    13. Tanager bleu ou Sacki bleu. (*Tanagru Scrioptera.*)
    14. Martin-pêcheur ou Roi-pêcheur. (*Alcedo, Sp.*)
    15. Tanager. (*Tanagra, Sp.*)
    16. Oiseau-boucher. (*Muscicapa tyrannus ou M. Ferox.*)
    17. Toucan, Red-billed. (*Ramphastos Toco.*)
    18. Grimpeur-bleu ou Gorge-bleue. (*Certhia Cerulea.*)
    19. Chatterer, Pompadour. (*Ampelis Pompadoura.*)
    20. Coq-de-roche. (*Pipra rupicola*)
    21. Tanager à collier bleu. (*Tanagra Episcopus.*)
    22. Pivert à tête rouge. (*Picus rufus.*)
    23. Chatterer à gorge pourpre. (*Ampelis cotinga.*)
    24. Humming-bird, oiseau-mouche à gorge noire. (*Trochilas Gramineus.*)
    25. Plantain-bird jaune. (*Icterces ou Oriolus Xanthornus.*)
    26. Toucan Blak-billed. (*Ramphastos maximus.*)
    27. Oiseau-mouche à gorge grenat. (*Trochilus rubineus.*)
    28. Idem à gorge de Saphir. (*T. Sappharinus.*)
    29. Kiskadi ou Qu'est-ce qu'il dit. (*Lannis Sulphuratus.*)
    30. Oiseau-mouche rubis huppé, femelle. (*Trochilus Moschatus.*)

31. Roitelet jaune.
32. Oiseau-mouche petit vert doré (*Trochilus Auriculatus*), femelle, avec son nid.
33. Idem à gorge de topaze. (*T. Filla*.)
34. Chasseur à poitrine pourpre. (*Ampelis Carnifex* ou *A. Cotinga*.)

80.—BOIS PÉTRIFIÉ. 4 spécimens. Exposé par ROBERT ARNOLT, de Georgetown.

81.—SEMENCES DE FLEURS DE QUATRE HEURES. (*Mirabilus Dichotoma, Lin.*) Exposées par Miss LYONS, de Georgetown. L'enveloppe extérieure de ces graines consiste en un beau péricarpe d'un noir brillant, contenant l'embryon qui renferme une masse ronde de fécule pure. On fait avec ces graines des bracelets, des colliers, et d'autres objets de parure.

Les Articles suivants ont été omis dans la *Section B*.

82.—61.—COTON LONGUE SOIE. Exposé par Mistriss Hally, de Georgetown. (*Section B, No 60*).
83.—62.—COTON. De la plantation Kitty. Exposé par JOHN KENNEDY. Ce spécimen provient d'une plante sauvage, d'un semis spontané. Il y a plus de 50 ans que le coton n'est plus cultivé à la plantation Kitty.
84.—63.—FILAMENTS DE COTON. Enveloppant les graines de l'ipécacuanha sauvage. (*Asclepias coussovica, Lin.*) De même provenance. Ces filaments, plongés dans une solution de nitrate de potasse, puis séchés, forment un bon moxa.

WILLIAM WALKER, Président.
DANIEL BLAIR.
W. H. CAMPBELL.
GEORGE DENNIS.
DAVID SHIER.

Formant le comité chargé du Catalogue.

Georgetown-Démérary, 24 Avril 1855.

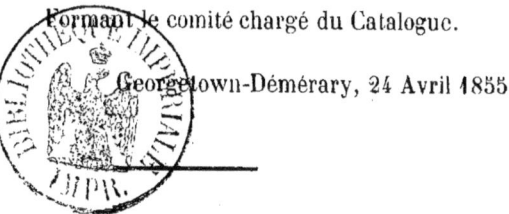

Traduit de l'Anglais par A. YSABEAU.

TABLE.

Les lettres A. B. C. D. E. F., *devant les chiffres, indiquent les Sections du Catalogue auxquelles ces chiffres se rapportent.*

A.

Abelmoschus Moschatus, F. 23.
Aborigènes (courte notice sur les), Préf. xxxix.
Abras precatorius, C. 45, D. iii, F. 35.
Accawaie (muscade), Préf. xxxvi.
Acide citrique, C. 54.
Acouribroed (écorce d'), C. 75.
Acouribroed (bois d'), D. 22, 71.
Acrodiclidium Camara, Préf. xxxvi.
Accuruwatti ou Curuwatti (graines d'), F. 20. — Son jus usité comme encre, F. 20.
Acuyari (bois d'), D. 24.
Acuyuri ou Acuryuru (palmier), D. 100.
Acajou de la Guyane (bois d'), D. 52.
Adabadani (bois d'), D. 26.
Adada, sorte de canot. E. 65, 66.
Agave vivipare, B. 34.
Aloès (fibre d'), B. 34.
Amomium Melegueta, C. 37.
Ampelis carnifex, F. 79.
Ampelis Cotinga, F. 79.
Ampelis Pompadour, F. 79.
Anacarde d'occident, F. 16.
Anapaima (bois d'), Préf. xxxvii.
Andropogon Schœnanthus, C. 41.
Anklets, E. 56.
Arbre à pain, fécule de son fruit, A. 10, 11.
Arbre à pain (fleurs de l'), F. 37.
Arbre à lait (écorce de l'), C. 68.
Arbre à lait (bois de l'), D. 72.
Arcs et flèches, E. 1, 2, 37 à 42.
Arcs (bois pour les), Préf. xxxvii.
Arbre à l'encens (gomme de l'), C. 21, 22.
Arnatto (couleur), C. 29.
Aroka, coiffure indienne, E. 52.
Arrak, A. 62, 63.
Arrara (écorce d'), C. 87.
Arbre-Vache (lait de l'), C. 11.
Arbre-Vache (écorce de l'), C. 63.
Arbre-Vache (bois de l'), D. 72.
Arnatto (couleur tirée de l'), C. 29.
Arnatto (graines de l'), F. 28.
Armata ou Arumata (écorce d'), C. 85, D. 51, 111.
Arara (graines d'), F. 19.
Areca Manicot, E. 62, F. 4, 5, 6.
Arbre à cire (bois de l'), D. 82.
Arbre à cire (gomme de l'), C. 28.
Artocarpus imisa, A. 10. 11. F. 37.
Arrowroot (fécule d'), A. 8, 9, 65.
Arbre aux sauterelles (gomme résineuse de l'), C. 18, 19, 20.
Arbre aux sauterelles (bois de l'), D. 14, 87, 111.
Asclépias curassavica, F. 84.
Aspidosperma excelsum, D. 99, 110.
Assepoca (bois d'), D. 75.
Astrocaryum aculeatum, D. 100.
Avirons, E. 1, 2.
Averrhoa bilimbi, C. 10.
Avicennia nitida, Préf. xxxvi.
Awara (palmier), D. 49. — Ses graines, F. 1.
Awiarri, flûte indienne, E. 2, 59.

B.

Banane verte, A. 17.
Banane mûre, A. 18, 19.
Balle trouvée dans l'estomac d'un Peccari, F. 47.
Baume de Copaïba, D. 7.
Banane verte, A. 17.
Balais de feuilles de cocotier, E. 81.
Batate ou Patate douce, A. 65.
Bannia ou Bannya (bois de), D. 5, 111.
Baracara (bois de), D. 1, 93.

— 50 —

Baracara (graines de), F. 30, 31 32.
Baracara (écorce de), C. 98.
Barrowa ou Barerna (écorce de), C. 99.
Bartaballi (bois de), D. 32, 59.
Betteeri, D. 46.
Beef-wood du Brésil (bois de), D. 105.
Bixa orellana, C. 29, F. 28.
Biribine (sulfate de), C. 35.
Biribu (bois de), variété jaune, D. 101.
Biribu (bois de), variété noire, D. 102.
Biribu (graines de), C. 32, 33.
Birambi (fruit du), C. 10.
Bisi (bois de), Préf. xxxvii.
Boa constrictor, F. 54, 55.
Boa constrictor (peau de), F. 51.
Boa cenchris, F. 51, 54.
Boa scytale, F. 55.
Boeiarie, C. 47, 48.
Bombax Ceiba. B. 60, F. 82
Bois de fer, Préf. xxxvii.
Bois pour avirons, D. 99, 100.
Bois pétrifié, F. 80.
Bois de marine, Préf. xxxviii.
Bois de rose de la Guyane, D. 3.
Bois de sang, D. 108.
Bois-Zébré, D. 104, 111.
Bois de sang (écorce du), C. 97.
Bo s léopard, D. 111.
Bowis indien, E. 75, 76.
Bourra-Courra (bois de), D. 13.
Bracelets de graines, E. 78, 79, 80.
Brosimus Aubletü, D. 13.
Brosse rude de la noix de coco, E. 82.
Bully-tree bâtard (bois de), D. 37, 70.
Bully-tree bâtard (écorce du), C. 64.
Buckati (bois de), D. 68

C.

Cassicus Xanthornus, F. 6.
Café perlé, A. 29.
Caféyer, A. 26.
Café en baies, A. 26.
Café préparé pour la vente, A. 27.
Cafeyer (feuilles sèches de), A. 30.
Cashew (graines de), F. 16.
Cashew sauvage (écorce de), C. 58.
Cassareep, A. 39, Préf. xxxi.
Cassave douce, coupée et séchée, A. 13.
Camara (bois de), Préf. xxxvii.
Cairsiri (bois de), D. 56.
Cartan (bois de), D. 109, 111.
Caryocar tomentosum, Préf. xxxvii.
Cabacalli (bois de), D. 11.

Cabacalli (écorce de), C. 65.
Cacao, A. 37.
Cacarus (bois de), D. 41.
Calebasse renfermant des couleurs, E. 2.
Caladium, A. 16, 65, C. 17.
Camaramara (bois de), D. 7.
Capsicums, A. 31, et 42 à 48.
Carana (bois de), D. 19.
Carapa (bois de), D. 9, 111.
Carapa (écorce de), C. 69.
Caoutchouc, E. 61.
Canots, E. 65, 66.
Canna couinea, lutea, occid. ; Achiras, F. 17. 18.
Cassave douce (farine de), A. 14.
Cassave douce (fécule de), A. 65.
Cassave amère (pain de), A. 15.
Cassave amère (fécule de), A. 33, 65,
Cerf des champs de canne, F. 46.
Cerisier (bois de), D. 111.
Centrolobium robustum, D. 109.
Certhia cerulea, F. 79.
Cervus simplicicornis, C. 46.
Cèdre blanc (bois de), D. 10.
Cèdre rouge (bois de), D. 24.
Chatterer (plusieurs espèces de), F. 79.
Champignons, F. 41, 42.
Chanvre de Manille (feuilles du), B. 22.
Cigares, E. 33, 34.
Citrate de chaux, C. 53.
Cire d'abeilles sauvages, C. 23, 27, D. 82.
Citronnier limettier, C. 54.
Citronelle, C. 41.
Climat de la Guyane, Préf. xi.
Clusia insignis, D. 39, 98.
Coopa (bois de), D 39, 98.
Corawa, fibre de l'herbe à la soie, B. 22 à 23.
Corde de fibre de palmier Ita, B. 50.
Corials, canots indiens, E. 1, 2, 65, 66.
Cork-wood, Bois-liége, D. 16.
Coton, B. 58, 59, F. 83.
Caoutchouc, C. 11, 12, E. 61.
Coiffure indienne, E. 52.
Coiffures faites de palmier troolie, E. 51.
Colle de poisson du Gtlbacker, A. 49.
Courida, Préf. xxxvii.
Coutaballi, Préf. xxxvii.
Costume complet de femme indienne, E. 53.
Cocos nucifera, C. 4.
Coq-de-roche, F. 79.
Corde de liane Nibbie, B. 56, 57.
Colocasia, A, 16, 65, C. 17.

Comaca, cotonnier longue soie, B. 60, F. 52.
Corde de fibre de bananier, B. 20.
Cordes de fibre du spathe du palmier cucurrit, B. 54.
Corde d'écorce d'ochro, B. 51.
Colliers, E. 57, 58.
Coffre à serrer le hamac, E. 2, 21.
Coïx lachryma, E. 79, F. 29.
Conquin-Tay, A. 20, 21, 32.
Coton soie, B. 60, 62.
Coccoloba Uvifera, C. 51.
Cowassa (bois de), D. 64.
Covechi (écorce de), C. 38.
Cowitch (siliques de), C. 39.
Cribles, E. 1, 2, 22, 23, 24.
Cristaux de quartz, F. 75.
Cribles-matuti, E. 24.
Crab-wood (bois de), D. 9, 111.
Culiseri blanc (bois de), D. 95.
Culture par les esclaves, Préf. XIII.
Curcuma long, C. 30.
Curawassa (bois de), D. 63.
Curawathi.—Suc de cette plante, C. 13.
Curawathi (graines de), F. 29.
Cuyama (écorce de), C. 90.
Curahuri (écorce de), C. 84.
Cuomara (bois de), D. 103.
Curahuri (bois de), D. 42, 67.
Curaki (bois de), D. 31, 58.
Curaki (écorce de), C. 92.
Cynthia (bois de), D. 40.

D.

Dali ou dari, D. 15.
Darena (écorce de), C. 62.
Dasypus gigas, F. 43.
Dawadda, pot des Indiens, E. 1, 2.
Desmanthus virgatus, E. 78. F. 33.
Determa (bois de), D. 38.
Dioscorea tryphilla, A. 65.
Dioscorea sativa, A. 65.
Dipterix odorata, D. 103. F. 12, 13.
Drepanocarpus, D. 16.
Duvet d'ipécacuanha sauvage, F. 84.
Ducali (bois de), D. 30.
Duccoria (bois de), D. 27.
Duguetia Quitarensis, D. 65.
Ducu (écorce de), C. 91.
Ducaballi (bois de), D. 52, III.
Ducaliballi bâtard (bois de), D. 54.

E.

Ebène ou banya, D. 5.
Ebène brun, D. 90.
Ecorces pour la tannerie, C. 72 à 90.
Encre de jus de Curuwatti, C. 13.
Eperua falcata, C. 14, 88. D. 4.
Erythrina Corallendodron, C. 98. D. 1, 93. F. 30, 31, 32.
Etami ou crible, E. 1, 2, 22.
Eventails indiens, E. 1, 2, 35.

F.

Farine de cassave douce, A. 14.
Farine de bananes vertes, A. 20, 21. B. 1.
Farine de tannia, A. 16.
Feuilles de Liquorice, C. 45.
Feuilles de bananier nain de Manille, B. 22.
Feuilles de Toyo, C. 46.
Feuilles de de caféier, A. 30.
Pegall des Indiens, Préf. XLI.
Fertilité du sol de la Guyane, Préf. IX.
Fibre de bananier nain, B. 20.
Fibre de palmier Ita, B. 47, 48, 49.
Fibre de mahoe ou mohoe, B. 36 à 45.
Fibre d'ochro sauvage ou jumby, B. 35.
Fibre de grand bananier, B. 2 à 17.
Fibre d'herbe à la soie ou corawa, B. 23 à 33.
Fibre d'aloès, B. 34.
Fibre textile de bananier nain, B. 21.
Filet de pêche, E. 19.
Flûte indienne, E. 2, 59.
Forage artésien, Préf. IX.
Fouets Maquari, E. 1, 47, 48.
Frontières de la Guyane Espagnole ou Vénézuélienne.
Frais de l'introduction des Emigrants, Préf. XLVII.
Fustic (bois de), D. III.
Futa (écorce de), C. 96.

G.

Genipa américana, Préf. XXXVII.
Georgetown, position de l'observatoire, du phare et du feu flottant, Préf. XIV.
Georgetown, sa population, Préf. XIV.
Gilbaker (colle de), A. 9.

— 52 —

Gomme de baramalli, C. 28.
Gomme de comina, C. 21, 22, 31.
Gomme de karman, C. 23, 27.
Gomme de kurakai ou curaki, C. 24, 25.
Gomme-résine de simeri ou arbre aux sauterelles, C. 18, 19, 20.
Gomme dewallaba, C. 14.
Gomme du curaki, C. 24, 25.
Gomme conima, C. 21, 22, 31.
Gomme animée, C. 18, 19, 20. D. 14, 87.
Gourde magique, E. 60.
Goglets, vases indiens, E. 1, 2, 74.
Gossypium arboreum, B. 58, 59. F. 83.
Graines de Flower-fence, F. 21.
Graines de fleurs de quatre-heures, F. 21.
Graines de paradis, C. 37.
Granit, F. 63, 66, 97.
Graines de ricin, C. 36. F. 25, 26.
Graines de mimosa, E. 78. F. 33.
Graines du palmier cucurit, F. 76.
Grand Fourmillier (peau de), F. 44, 45.
Grand Armadille (écaille de), F. 43.
Greenheart bâtard (bois de), D. 94.
Grimpeur bleu, à gorge noire, F. 19.
Greenheart (bois de), variété noire, D. 102.
Greenheart (écorce de), C. 34.
Guyane Britannique, cultivée par les esclaves, Préf. XIII ; population, XIII ; climat, XI ; première colonisation, XII ; étendue, VIII ; constitution géologique, IX ; rivière, IX ; produits exportables, XV ; fertilité du sol, IX ; importation d'émigrants, XIV ; montagnes, VIII ; constitution politique, XV ; subdivision, XI, saisons, XI ; végétation, XII.
Guyane Britannique, sa constitution politique, Préf.
Guyane Britannique, Hollandaise, Française, Portugaise ou Brésilienne, Préf. VII.

H.

Hackia (bois de), D. III.
Haha ou bouclier, E. 62.
Haiawaballi (bois d'), D. 104.
Haiawaballi ou Hyawaballi (écorce de), C. 80.
Hamac, E. 1, 2, 8 à 7.
Hattiballi (bois de), D. 96.

Haricot de Lima ou de 7 ans, F. 15.
Hibiscus esculentus, M. 34, 38.
Hibiscus elatus, B. 36 à 45. C. 93. F. 36.
Histoire naturelle de la Colonie (courte notice sur l'). Préf. XLI.
Hiaraballi (écorce de), C. 66.
Hitchia (bois d'), D. 36.
Hibiscus musqué (graines d'), F. 23.
Houag (bois de), D. 57.
Hog-plum (écorce de), C. 70.
Houbaballi (bois de), D. 21, 79, 111.
Hœmatoxylon Campêchianum, D. 107.
Huile de graines de Crab-wood, C. 1, 2, 3.
Huile de noix de coco, C. 4.
Huile de laurier, C. 5, 6.
Huile de coco, C. 4.
Hucouya ou bois de fer, Préf.
Hura crepitans, F. 24.
Hurahee (écorce de), C. 83.
Hurahee (bois de), D. 23.
Huruwassa (écorce de), C. 68. E. 78. F. 34.
Hutte ou habitation de sauvages, E. 1, 2.
Hutte d'Indiens, E. 2.
Hyaballi bâtard (bois de), D. 65.
Hya-hya ou Arbre vache (lait de), C. 11.
Hya-hya (écorce de), C. 63.
Hya-hya (bois de), D. 72.
Hyaballi bâtard (bois de), D. 65.
Hyawa ou Arbre à encens (gomme de), C. 21, 22, 31.
Hymenœa Courbaril, C. 18, 19 20. D. 14, 87.
Hymorakusi (bois d') D. 76.

I.

Icica heptaphylla, C. 21, 22, 31.
Icica altissina, D. 10, 24.
Igname sauvage, commune de Guinée, A. 65.
Importation d'Emigrants (frais d').
Insectes (collection d') F. 59.
Insectes, F. 59.
Indemnités pour les Emigrants, Préf. XLVII.
Iturissi ou Iturewici (écorce d'), C. 67.
Itaballi (bois d'), D. 35.
Itikiburi (bois d'), D. 35.
Itikiribouraballi (bois d'), D. 111.

J.

Jacaranda bahamensis, F. 22.
Janipa Lœflingü, A. 13, 14, 65.
Janipa Manihot, A. 15, 33, 65.
Jaspe, F. 73, 74.
Jatropha curcas, C. 48.
Jus de Curuwatti, C. 13.

K.

Kaieeri-balli, D. 2.
Kakaralli (écerce de), C. 76, 77, 78. F. 39 40.
Kakaralli (bois de), D. 6, 53.
Karman ou Buc-Wax, C. 23, 27. D. 82.
Kartaballi (bois de), D. 80.
King-Fisher, J. 79.
Xino Jamaica, C. 51.
Kiraballi (écorce de), C. 86.
Kiskadi ou qu'est-ce qu'il dit? F. 79.
Kisselala (bois de), D. 17.
Kiuwa (corde faite de l'écorce du), B. 53.
Konaballi (écorce de), C. 89.
Koqueritiballi (bois de), D. 29, 62.
Kucahara (bois de), D. 92.
Kulaballi (écorce de), C. 81.
Kunukusi, F. 52.
Kuraballi (écorce de), C. 86.
Kurakai (gomme de), C. 24, 25.
Kurakai (écorce de), C. 92.
Kurakai (bois de), D. 31, 58.
Kuruhuru (écorce de), C. 84.
Kuruhuru (bois de), D. 42, 67.
Kurukururu (graine de), F. 10.

L.

Lana (bois de), D. 111.
Lancewood noir, D. 56.
Lancewood jaune, D. 45.
Lanuis sulphuratus, F. 79.
Larves vivant dans les graines du palmier cucurit, F. 76.
Larves d'insectes H.
Larmes de Job (graines de), E. 79. F. 29.
Lait de l'arbre Ducali, C. 12.
Lait de l'arbre Hya-Hya, C. 11.
Lecythis grandiflora, D. 44, 50. E. 9.
Lecythis ollaria, C. 76. D. 6, 53.
Lettervood, D. 13.
Lettervood bâtard, D. 106.
Liane, F. 77.
Lignum vitae, D. 111.
Liquorice (vin et feuilles de), G. 45.
Liquorice (bois de), D. 111.
Liquorice (graines de), F. 35.
Lignes à pêcher, E. 1, 67.
Liane Nibbie, B. 55.
Liane, 77.
Leferi Silverballi (bois de), D. 78.
Logwood, D. 107.
Lucuma Bonplandü. D. 32, 59.
Lucuma mammosum, D. 7.
Lycopersicum esculentum, A. 50.

M.

Maam ou Tinamou (œufs de), F. 48.
Machœrcum Schomburgkü, Préf. xxxvii.
Mahoe ou Mohoe (fibre de), B. 36 à 45.
Mahoe ou Mohoe (écorce de), C. 93.
Mahoe ou Mohoe (graine de) F. 36.
Maïs A. 35.
Mannuce sauvage (bois de) D. 64, 111.
Manakin à tête jaune, F. 79.
Manguier de l'Inde, A. 12.
Mangue (fécule de), A. 12.
Manguier (écorce de), C. 71.
Mani ou Maniballi (gomme de), C. 28.
Mani ou Maniballi (bois de), D. 22.
Manicaria Saccifera, B. 55. E. 51. F. 7, 8.
Maranta Aruudinacea, A. 8, 9, 65.
Mariwayana (bois de), D. 43, 85.
Marmelade (bois de), D. 7.
Marsiballi (écorce de), C. 75.
Marsiballi (bois de), D. 22, 71.
Massara (bois de), D. 99, 110.
Maswa, piège à poissons, E. 1, 20.
Matapi, E. 1, 2, 84.
Mauritia Flexuosa, B. 46 à 50. D. 46. F. 2.
Maximiliana Regia, B. 54. D. 48. F. 3, 76.
Maladie Caribisi, C. 63, 94.
Mara (bois de), D. 24.
Mirabilis dichotoma, E. 80.
Miel, C. 8.
Mora excelsa, C. 72. D. 12.
Maosay, F. 1.
Monkey-apple, pomme de singe, D. 111.
Monkey-pot, pot de singe (bois de), D. 44, 50.
Mooraballi ou Moraballi (bois de), D. 81.

— 54 —

Mora (bois de), D. 12.
Monts Roraima, Préf. viii.
Mucuna pruriens, C. 89.
Mudes sticks, E. 50.
Musa paradisiaca, A. 20, 21, 65.
Musa sapientium, A. 17, 18, 19, B. 20, 69.
Musa textilis, B. 22.
Muscicapa tyrannus, F. 79.
Myrmecophaga jubata, F. 44, 45.

N.

Nahloc ou Avirons, E. 1, 2.
New-Amsterdam, Préf. xiv.
Nectandra Ricœi, C. 32, 33, 34, D. 101, 102.
Nids d'oiseau moqueur, F. 61.
Nids d'oiseau-mouche, F. 30.
Nids de guêpes, F. 58.
Nicotiana tabacum. C. 42, 43, 44.
Nids de cassique, F. 61.
Nids de marabuntas, F. 50.

O.

Ochro (capsules sèches d'), A. 34.
Ochro (graines d'), A. 38.
Ochro jumby (fibre d'), B. 35.
Ochro sauvage ou fumby (fibre d'), B. 35.
Oiseaux-mouches (œufs d'), F. 49; jeunes oiseaux-mouches, F. 49; nids d'oiseaux-mouches, F. 50.
Oiseau-mouche à poitrine noire, F. 79; émeraude, F. 79; vert, F. 79; à gorge grenat, F. 79; petit vert, doré, F. 79; rubis huppé, F. 79; à gorge saphir, F. 79; savane, F. 79; à gorge topaze, F. 79; à poitrine blanche, avec son nid; F. 79; à queue blanche, F, 79; femelle, à queue blanche, F. 79.
Oiseaux préparés, F. 79.
Oiseau-mouche, F. 79.
Oiseau-moqueur (nids d'), F. 61.
Ognon sauvage (bois d'), D. 38, 98.
Omphalobium Lamberti, C. 80, D. 104.
Ophiocaryon paradoxum, F. 27.
Oranger (bois d'), D. 111.
Oranger sauvage (bois d'), Préf. xxxvii.
Oreala, F. 70, 71, 72.
Oreodaphne opifera, C. 5, 6.

Oriolus Xanthornus, F. 79.
Oryza sativa, A. 28.
Ourari (bois d'), D. 73.
Ouriche (bois d'), D. 23.
Œufs d'oiseaux-mouches, F. 49.

P.

Pacuri (écorce de), C. 94.
Paira (bois de), D. 13.
Paira-Acuyura (bois de), 100.
Paira-Awara (bois de), D. 49.
Paira-Awara (graines de), F. 1.
Paddy, riz non moudé, A. 22, 23, 24, 25.
Pagala ou Pégalls, E. 1, 2, 5, 6, 7, 25 à 32.
Palmier koquerit (corde faite du spathe du), B. 54.
Palmier koquerit (bois du), D. 48.
Palmier koquerit (graines du), F. 3.
Palmier koquerit (larves vivant dans les graines du), F. 76.
Palmier ita (jeunes feuilles de), B. 46.
Palmier ita (fibre de), B. 47, 48, 49.
Palmier ita (corde de), B. 50.
Palmier ita (bois de), D. 46.
Palmier ita (semences de), F. 2.
Palmier cucurrit (bois de), D. 48.
Palmier cucurrit (graines de), F. 3.
Palmier manicole (spathe du), E. 2.
Palmier manicole (graines du), F. 4.
Palmier manicole (rachis du), F. 5, 6.
Panier de graines de Mimosa, E. 78.
Papillons, F. 60.
Pain de cassave amère, A. 15.
Pepper-pot, A. 79.
Pemtica, cire d'abeilles sauvages, C. 26.
Pegass, tourbe des tropiques, Préf. viii.
Pekea tuberculosa, Préf. xxxvii.
Perruque-Saka, F. 38.
Pégalls (modèles de), Préf. xli.
Phaseolus perennis, F. 15.
Picus rufus, F. 79.
Pipra orocapilla, F. 79.
Pipra rupicola, F. 79.
Piratinera Guyanensis, D. 13.
Piége à poissons, E. 1, 2, 3.
Plantes médicinales, Préf. xxxv.
Plantations (culture des), Préf. xiii.
Plaque pour cuire le pain de cassave, E. 1, 2.
Pots nommés Dawadda, E. 1, 2.
Poincinia pulcherima, F. 13.
Poisson porc-épic, F. 56.

Poisson-Scie, F. 57.
Poison tiré de l'arbre ourari, C. 15, 16.
Poison oorobo, C. 17.
Poivre noir, A. 41.
Poivre de Guinée, C. 37.
Poivre de Cayenne, A. 31.
Premiers établissements de la colonie, Préf. ix.
Presse à cassave, E. 1, 2.
Purple heart bâtard (bois de), Préf.
Putti (bois de), D. 43, 83, 111.

Q.

Quaick, panier indien, E. 1, 3,
Quartz, F. 68, 69.
Quartz (cristaux de), F. 79.
Quassia amara, C. 52.
Quassia ou bois amer, C. 52.

R.

Ramphastos maximus, F. 79.
Ramphastus toco, F. 79.
Recensement des habitants de la Guyane, Préf. ix.
Règne animal (courte notice sur le), Préf. xlii.
Riz non mondé, A. 22, 23, 24, 25.
Ricin (huile de), C. 36.
Ricin (graine de), F. 25, 26.
Roucou, C. 29.
Roucoe ou Arnatto, C. 29.
Rhum, A. 51 à 61. Préf.

S.

Sable blanc, gris, rouge, F. 62, 63.
Sapindus saponaria, C. 68, E. 78, F. 34.
Sapotillier (bois de), D. 111.
Sarabadani (écorce de), C. 61.
Sarabadani (bois de), D. 28.
Saribembi (bois de), D. 19.
Savanes, Préf. xii.
Sarbacane avec carquois et flèches, E. 37, 38.
Serpent camoudi de terre, F. 54.
Serpent camoudi d'eau, F. 55.
Sesamum orientale, C. 55.
Serpent conocushi, F. 52.
Serpent bushmaster, F. 32.
Serpent crotalus mutus, F. 52.
Serpent matapi, F. 53.
Shot indien, F. 17 et 18.
Shaak-Shaak maquari, fouet indien. E. 1
Silverballi (bois de), C. 78.
Simmari, râpe à cassave, E. 2.
Silverballi ou Siruaballi bâtard (écorce de), C. 60.
Sorgho ou graine de Guinée, A. 36.
Sorghum Vulgare, A. 36.
Souari (bois de), D. 111.
Spigelia authetiniutica, C. 40.
Spondias lutea, C. 70.
Sulfate de Bibirine, C. 35.
Surradani (bois de), D. 25, 88.
Sucre et Produits de la Canne, Préf. xvii.
Sucre Moscouade, 4, 5.
Sucre (procédés de la fabrication du), Préf. xxi.

T.

Tabernœmontana utilis, C. 11, 63.
Tabernœmontana utilis (bois de), D. 72.
Tamarinier (bois de), D. 111.
Tannia (fécule de), A. 65.
Tannia jaune ou hog (farine de), A. 16.
Tataba, Préf. xxxvii.
Tebacusie ou Tibicusi (bois de), D. 106, 111.
Tables météorologiques, préf. xlvi.
Talli batard (bois de), D. 89.
Terrain d'alluvion, Préf. ix.
Teinture tirée de l'écorce du Manguier, C. 71.
Tomate ketchup, A. 50.
Toute-épice sauvage (bois de), D. 40.
Tomate ou pomme d'amour, A. 50.
Tribus indiennes, Préf. xxxix.
Tryssil ou Trysle (écorce de), C. 87.
Tribus indiennes, leur nombre, leur décadence, Préf. xxxix.

U.

Ubudi ou cashew sauvage (écorce d'), C. 58.
Urali (écorce d'), C. 97.
Urana, B. 35.
Uriballi (bois d'), D. 111.
Ustensiles indiens, Préf. xxxix.

V.

Vacuum-pan, pour la fabrication du sucre, A. 1, 2, 3, 6, 7.
Vandola, instrument de musique, E. 49.
Vochysia Guyaneusis, D. 35.
Vinaigre de bananes mûres, C. 9.
Virola sebifera, D. 15.
Vigne marine (bois de), D. 111.
Vigne marine (écorce de), C. 51.

W.

Wadaduri (bois de), D. 44, 50.
Wadaduri, capsules de ses graines, F. 9.
Wallaba (gomme de), C. 14.
Wallaba (bois de), D. 4.
Wallaba (graines de), F. 11.
Wallamba, crible ou tamis indiens, E. 28.
Wamocru (bois de), D. 90.
Wangulu (graines de), C. 55.

Warri (bois de), D. 97.
Warrinam (bois de), D. 78.
Wourali, arbre vénéneux (bois de) D. 78.

X.

Xylocarpus Carapa, C. 1, 2, 3, 69. D. 0.

Y.

Yaho (écorce de, C. 93.
Yarraacoom, Coiffure indienne, E. 52.
Yaruri (bois de), D. 99, 110, 111.
Yawarridani (bois de), D. 110, 111.

Z.

Zea maïs, A. 35.

LISTE DES EXPOSANTS.

Allt, John, B. 12.
Ambrose, Mrs. C., A. 32.
Arnott, Robert, E. 44. F. 80.
Arrindell, Mrs., A. 50.
Arrindell, William, A. 85.
Barrow, J. L., E. 39.
Benjamin Charles, B. 59.
Benjamin, F., B. 36.
Bergen, Mrs., A. 30.
Boatswain, Joseph, B. 38.
Bridges R. H., A. 4, 5, 58.
Buchanan, A.. D. 101, 102, 103.
Campbell, W. H., B. 19, 28, 29, 30, 43; E. 8, 14, 15, 16, 18.
Cartwright, H E., A. 10, 11, 17, 18, 21; B. 10, 11; D. 50 à 100, F. 65 à 69.
Cavan, Brothers et Cie, A. 51, 53, 58.
Chisholm, John, B. 35.
Colvin, A. V., A. 23, C. 42, 43.
Couchman, George, B. 24, 32; C. 17; E., 77; F. 70 à 73.
Curry, Cornelius, A. 9, 16; B. 37.
Dennis, George, C. 11, 13, 47; E. 33. 51; F. 5, 22, 38, 41, 47, 61, 77.
Dillon, Edward, B. 13, 14, 21.
Duggin. T. B., A. 33, 34, 39, 41, B. 25, 33, 46, 47, 50; C. 1, 7, 9, 10, 12, 14 20, 21, 25 à 28, 30, 31, 39, 52, 55, 73; D. 1 à 49, 110; E. 62, 67, 68, 83; F. 1 à 4, 6, 10, 11, 14, 15, 16, 37, 42, 43, 45, 49, 50, 63, 64.
Fauset, Thomas, D. 109; E. 66.
Florimont, Jacob de, A. 28.
Garnett, H. T., A. 15, 19, 20.
Gilbert, J. T., A. 40; E. 26, 36, 37, 38, 46.
Comité Exécutif de la Guyane, B. 23, 27, 31, 41, 45, 48, 51 à 57, 60; C. 15 à 19, 22, 23, 24, 33, 44, 48, 57, 58 à 68, 74 à 98; D. 108; E. 1 à 7, 9 à 13, 17, 19 à 25, 28 à 32, 34, 35, 40 à 43, 45, 47 à 50, 53 à 61, 63, 64, 65, 69 à 72, 74, 75, 85; F. 7, 8, 9, 12, 18 à 21. 31, 39, 46, 48, 51 à 55, 57, 59, 76, 79.
Goddard, Mark, B. 8.
Gordon, John, A. 7. 7·
Harencarspel, A. Van, B. 26, 49; F. 40.
Hayley Mrs., C. 50; F. 82.
Henery, W. P. et E. T. A. 6, 54, 55.
Hunter, Andrew, D. 104 à 107.
Jones, H. H., F. 62.
Julian, Philip. B. 9.
Kennedy, John, A. 42 à 47; E. 81, 82; F, 83, 84.

Ketley, Joseph, C. 40.
Knowles, Mrs., E. 78.
Knowles, R. J., C. 2, 4, 5, 29, 32, 34 à 49, 51, 53, 54; F. 13, 25, 26, 29, 32, 33, 35, 75.
Lowe, J. G., A. 29, 35.
Lucas, J. W., A. 63.
Luckie, frères et Cie, A. 22, 24, 25, 56, 57, 62.
Lyons, Miss, F. 81.
Macfarlane, Miss. A. 12.
M'Quiston, Miss, F. 73.
Manget, Mrs., F. 56.
Morison, John, E. 52.
Muirhead, A. F., A. 19.
Netscher, A. D., Vander Gon, A. 26, 27, 37, 38; B. 16, 34, 58; F. 17, 24.
O'Donoghue, William, B. 15.
Pearce, John, B. 17, 18, 20; F. 74.
Porter, Thomas, junr., A. 1, 2, 3.
Rattraz, Charles, B. 39 à 42; F. 36.
Rodie, R.; C. 56, 69, 71, 72, 99.
Ross, Miss, (Georgetown), A. 48; 48; F. 27.
Ross, Miss, Rainveld), E 79, 88.
Ross, George, A. 8, 13,14; 1 à 7; C. 41, 45, 46, 70; E. 27, 76; F. 23, 23, 34.
Shier, David, A. 65; B. 22; 84.
Stewart, F. H., C. 3, 6, 8; F. 14.
Tacheira, T., A. 31.
Wallbridge, E. A., F. 60.
Watson, G. P., A. 61.
Watson, John, D. 111.
Winter, Alexander, A. 50, 60.

TABLE.

PAGES.

Carte de la Guyane Britannique esquissée en 1840, par sir R. Schomburgk . . . .
Carte des districts colonisés de la Guyane Britannique, dressée en 1846, par sir R. Schomburgk. . . . .
Diagramme Météorologique, Ephémérides de dix années, par P. Sandeman . . . .
Introduction III
Comité exécutif de la Guyane. VI
Préface. VII

CATALOGUE.

Section A. Produit de la canne à sucre et denrées alimentaires. 1
— B. Matières textiles 6
— C. Produits chimiques, médicaments 9
— D. Bois de construction et pour d'autres usages . . . 16
— E. Produits de l'industrie des naturels, et objets divers. 34
— F. Articles d'histoire naturelle. 44
Table générale 49
Liste des exposants 57

Imp. Carré et compagnie, imp. gr tôle. — Dubois et Vert, 77, pass. du Caire.

www.ingramcontent.com/pod-product-compliance
Lightning Source LLC
Chambersburg PA
CBHW070521100426
42743CB00010B/1906